孩子没问题 大人有问题

[日] 五味太郎 著　李奕 译

新 星 出 版 社　NEW STAR PRESS

目录

前 言

我写这本书的初衷，可以说是由创作绘本引发的。

起初，绘画只是我的个人兴趣爱好。后来，不知不觉中我开始创作绘本，并得以出版。因为这项工作轻松愉快，我便一直坚持了下来。但是渐渐地，我开始注意到周围弥漫着一种奇怪的气氛——“这本书孩子能懂吗？”“这本绘本适合几岁的孩子读呢？”“怎样才能让孩子喜欢读书？”类似的问题以及与幼儿早期教育、儿童发展心理学、早期艺术教育相关的“严肃”话题接踵而来，而且大家给我的感觉都非常认真，并不是随便提出来的。最初，我只是觉得有些不可思议，慢慢地，心里就开始不舒服了。

这些话题似乎都围绕着孩子，实际上根本看不到最该被重视的孩子的存在，反而到处都是对孩子指手画脚、让孩子这样那样的大人的影子。想到自己所做的工作可能也被淹没在这种不近情理的怪异文化中，我就觉得有必要表达一下自己的看法。

这样说来，虽然性质上有些不同，但我小时候同样生活在一个“无视孩子存在”的社会里。这个认识在我创作这本书的过程中，越来越清晰了。

总是心神不定的大人

一天，美国纽约的街道上烟雾弥漫。据说是新泽西发生了森林火灾，烟雾借着风势被吹到了纽约。

美国的CNN电视台（也有可能是其他电视台）在现场做电视新闻采访的直播。记者在街头随机采访，被采访的有老人、公司职员、出租车司机和家庭主妇等。“真要命啊，快想点办法吧！”“政府在干什么啊？”“这下生意可没法做了”……采访里充斥着大家的牢骚、困惑和愤怒。

当记者正准备结束采访时，从旁边走过来一个穿着条纹T恤衫的男孩，大概八九岁的样子。记者顺势把话筒伸向他问：“对街上的烟雾，你是怎么看的？”看那男孩脸上的表情仿佛刚回过神来似的，他环顾四周，停顿了一下，答道：“我不讨厌这烟雾的气味。”能让小家伙说出这种话，美国社会文化的包容程度可见一斑。

这个例子凸显了一个人作为个体的存在。这个小家伙是在用自己的耳朵听问题、用自己的鼻子闻味道、用自己的头脑进行思考后，再用自己的嘴巴表达出来自己的观点。我竟被这样的小事所触动，自己都觉得有点难为情。比这更让人感慨的是，现在的社会像这样具有个性的个体越来越少了。

我还听说过一件事。有个女孩喜欢转圈，不管是在家里、公园里，甚至在街上走路时，只要妈妈没盯着，她就会不停地转圈。女孩憧憬着能像芭蕾舞演员那样优雅地旋转，也特别喜欢穿裙子。

但这样转圈有时会撞到树或他人，容易发生危险，所以女孩的妈妈非常担心。虽说我认为这担心没什么必要，但她妈妈还是跑去医生那里咨询了。之后，这件事就开始变得莫名其妙。据说，为了让女孩不再转圈，医生说："如果孩子能找到她可以用心投入的事情就好了。"

有个男孩即将初中毕业，他立志要成为绘本作家，便因为中考的事与父母发生了争执。父母认为，人生没有那

反正，我就是担心啊！

么简单，他应该先去读完普通高中，之后再考虑梦想。但是，男孩坚持认为那样可能会太晚了，现在就想朝着梦想去努力。“你太天真了！”“不，不天真！”“如果你继续这么任性，我们就不付你的学费。”“唉，该怎么办……”于是，男孩的求助信寄到了看起来“最天真”的我这里。我时不时会收到类似的来信和电话。这些来信和电话有两个共同点，一是咨询者人都很好，二是他们都有点闯劲不足，总之都是些即便不按普通方式升学也很普通的孩子。其实对于这个想当绘本作家的男孩，我原本没有什么特别的建议，但或许是感觉有缘吧，我告诉了他我自己的真实体会：“人生如果能够找到前进的方向，会变得简单轻松很多。”

因为上初一的儿子提出休学，想离开日本去巴西学踢足球，一位妈妈便找到我去劝阻她的孩子。我与那位少年见面交流之后，认为他的想法很好，就劝他一刻也别耽误，尽早去巴西，结果我因此被他妈妈责难。如今那位少年已经在一家职业足球俱乐部下属的寄宿制体育学校学习踢足球了。说起来，那位少年的母亲还是我认识多年的朋友，她一直说要开一间时装店，可是到现在都没有动静。

“给孩子看什么绘本好呢？”“当然是看五味太郎的绘本喽！”针对这样的问题，我只能给出这样不在一个理解维度上的答案。拜托家长们不要再为这类事情苦恼了。

给孩子看的书中，有很多所谓的选定书、指定书或课题书。学校里的课本居然是经过审核的书，真让人郁闷。这些分类都是相对于“有害书”而言，划分的初衷应该是为了给孩子提供有益的或无害的书吧。但这真的是太过操心了。一个人不知何时何地会邂逅什么样的书，正是因为存在这种不确定性和冒险性，书才有了生命和价值。确定一本书到底有益还是无益，有害还是无害，是读书的乐趣所在。但是现在，恰恰是对这一点根本不理解的人——也就是不太喜欢书的大人，把孩子的书世界搅得一团糟。

所谓课外阅读推荐书、作文竞赛书等，都是出版社和相关的广告代理商为了提高销售业绩而策划出来的。

我创作的绘本《冰激凌是谁吃的》中有两头小象，一头小象的尾巴上缀着一串红色的樱桃，另一头小象的尾巴上什么都没有，在画面相应的位置写着：“谁吃掉了？”是

这个能给孩子看吗？

这个可不行。

一本非常轻松随意的绘本。

在阅读的过程中，有的孩子可能会指着尾巴上缀着樱桃的小象回答“是这只吃掉的”，也有孩子会指着尾巴上什么都没有的小象说“是这只”。

给出第一种答案的孩子，在表达方式上往往是直来直去的，小象——樱桃，直接得出结论。而给出后一种答案的孩子，想的可能是“吃了的话，就进肚子里了。但尾巴上还缀着，就是还没吃呢……”，他们在思维和表达方式上有进一步的思考。无论前者还是后者，或是有其他想法的孩子，我们都会一边回应着，一边和孩子愉快地交流，这就是绘本的作用。而有的人却非要问正确答案到底是哪一只，这在绘本世界里是最让人头疼的，而且一般这样发问的都是不喜欢绘本的人。

孩子生活在游戏、玩笑和幽默的世界。在这样的世界里，他们眼睛愉快，嘴巴愉快，嗓音愉快，耳朵愉快，小手愉快，绘本与这样的世界特别契合。可是，一旁的大人却非要找出些动机来，结果就变得莫名其妙。有的出版社还迎合这类大人的需求，推出所谓的“知识绘本”“成长绘本”，书店也跟着说些不着调的话，类似“这本绘本孩子自己读的话要在三岁左右”等等，实在是不可理喻。

我不喜欢类似“给孩子读绘本”这样的活动。“想让孩子享受绘本的乐趣”“想读给还不会阅读的孩子听”，大人们这样的想法很奇怪。发起这类活动的大人们并不见得有什么真本领，读绘本的方法也又奇怪又无趣。而且他们翻页的节奏也不适合孩子，孩子本来想仔细看看某一页，却被唰地翻了过去。

孩子享受绘本的方法各有不同。有的喜欢先睹为快，浏览全书后再回过头来开始细读；有的喜欢从结尾开始看；甚至还有的因为太喜欢而把绘本里的图画剪下来。我第一次看到有孩子把绘本剪掉的时候，恨不得上去给他一拳，但是后来我理解了，这也是一种喜爱绘本的方式。

所以我对绘本普及活动不感兴趣，这样的活动压根儿就不适合绘本。

一个人不信任别人，往往是因为他不信任自己。自己总是在偷懒，所以就理所当然地认为别人也会这样。留作业、定目标，为的就是不让孩子偷懒。

男孩和女孩关上门共处一室，大人就开始担心他们会不会做出“下流”的事情来,有这种想法的大人才真的下流。那两个孩子在房间里做什么是他们自己的事情。如果他们真的发生了什么,担心也无济于事。大人们总是限定孩子“最晚九点回家”，那万一孩子在八点做了什么坏事，该怎么办呢？若限定孩子天黑前回家，那孩子大白天拉上窗帘做了什么不好的事，又该怎么办呢？难道父母能一直围着孩子转吗？那种对孩子的担心、不安和不信任，根本就是大人对自己的担心、不安和不信任。

在某区教美术的 K 老师跟我讲过这样一件事。某天下午四点钟左右，该区教育委员会办公室的传真机收到一份写着“今晚八点我就去死”的传真。

这件事怎么想都是恶作剧，但毕竟传真直接发到了教委，教委上下慌了手脚，决定立刻采取紧急措施。教委的人先分析出发传真的是一位中学生，于是给辖区各校发了紧急通知，让所有学生晚上八点之前到学校集合。难道让学生到学校集合他就不会寻死了吗？这个举措简直愚蠢至极。当时 K 老师和到校的学生先打了招呼：“由于是特殊情况，请大家配合一下。”之后他问学生：“请问咱们班有谁准备八点去死吗？”“怎么可能！”所有学生一齐回答。于是，K老师组织大家来了一场扑克大会战，一直玩到八点。虽然K老师开诚布公地向学生们说明了情况，做得很漂亮，可这件事对教委来说就是另一番滋味了。

如果孩子整日沉迷游戏，父母就会忧心忡忡。唉，父母总是这样。纸牌游戏流行时禁止孩子玩纸牌游戏，孩子爱玩铁陀螺时就责怪孩子整天玩铁陀螺。似乎无论什么时代，父母都认为孩子总是沉迷于不该做的事。

整天看动漫的人，被叫作“动漫宅”，这大概是因为动漫的社会地位比较低的缘故。人们从来不说“天文观测宅”“文学宅”，而是用“发烧友”之类听起来就很高级的词汇形容他们。如果称之为“动漫宅”是因为他们整天边看动漫边坏笑的样子让人觉得不舒服，那么爱好观测天文星象的人整天待在狭小的空间里，一边吃着杯装方便面一边盯着望远镜看，脸上还不时浮现出恍惚的笑意，不也让人觉得怪异吗？但是，一说到天文学，就好像非常高端；一提到星星，就觉得很浪漫，没什么问题。

一般来说，父母都希望孩子具备专注力，却不认可孩子在玩电子游戏时所具备的专注力。即便是看漫画，父母都希望孩子看手冢治虫（《铁臂阿童木》的作者）的漫画，而不是赤冢不二夫（《天才傻瓜》的作者）的漫画。这样的父母简直太自以为是了。

连让孩子吃个点心，父母都会在心里盘算：要吃那种天然、有营养、不会发胖，并且对大脑发育有好处的食物。事实上，这类食物是很难找到的。不！世界上根本就不存在这样的食物！

孩子整天玩电子游戏，是因为还没有找到比电子游戏更吸引他的东西。如果一个孩子因为痴迷电子游戏，能一直不吃饭、不洗澡，也不去学校，只靠啃压缩饼干就能满足，那他的人生还称得上相当充实有趣呢。可惜几乎没有这样的孩子。实际上，这只是因为他现在还没有找到自己想做的事情，暂且把电子游戏当作消遣而已。我自己也曾在人生的某个时期，沉迷于打麻将。

大家都提倡当义工或做慈善，可是如果谁家的孩子真的迷上了当义工，不去上学，不回家，也不和同学玩，父母就开始担心了。比如说，某个孩子整天戴着橡胶手套，拿着塑料袋和捡垃圾的长夹子，朋友叫他出去玩都不去，自己一个人跑到车站前提醒行人“叔叔，请不要随便乱扔烟头”，或者招募同伴成立“捡垃圾小组”……这个孩子的父母肯定会特别不安，担心孩子以后会不会一直这样。父母总是过早地下结论，孩子的这类专注力往往不会被父母认可。

话说回来，那个专注于“捡垃圾”的孩子，未来成为清洁专家的概率是很低的。在孩子成长的过程中，可能会发生各种变化，也许不久之后，孩子的注意力就会转移到别的事情上。比如，那个在车站前提醒人们不要乱扔烟头的孩子，他的兴趣也许会转移到政治运动方面并崭露头角，而擅长召集同伴的孩子也许会向组建团队的方向发展。孩子们都很享受这个过程。父母不管自己喜好如何，都不应该去干涉。

不知道为什么，父母总希望孩子各方面的素质都能够均衡发展，不要在任何方面有所偏废。这难道是因为日本有富士山[①]的缘故吗？

---

①富士山是日本最有代表性的山，从日本国土的任何角度眺望，都呈等腰三角形。

最重要的就是平衡，

什么事情都要适可而止。

父母希望孩子的素质均衡发展，也许是想让孩子今后在各行各业都能立足。无论是电子、钢铁、媒体、百货，还是教育等行业，父母希望孩子可以找到一个能养活自己的工作。只要孩子能挣到差不多的工资，随便什么行业都可以，这就是所谓的“父母心”。但如果仔细琢磨的话，这其实是父母对孩子的未来毫无同情心的构想，对孩子很不公平，因为父母从一开始就抱着让孩子参加“失败者复活赛”的想法。

往往越是不太能干的父母，孩子反而越依赖他们。过去常常听说“双亲不全的孩子容易走歪路”，可是有双亲陪伴的孩子，该走歪路还是会走。那些声称“不离婚是为了孩子”的父母，只是以此来掩饰自己的问题罢了。

对孩子来说，并不是事事都需要父母。孩子需要的是发生问题时，大人能够接纳自己；有事需要交流和倾诉时，大人能够与之交流或倾听其烦恼；需要忠告和建议时，大人能即刻伸出援手。

认为在填写各种手续表格时，父母一栏要父亲与母亲兼有才稳妥，都是父母的误解，对于孩子来说并不一定是

わたしたちがここまで
がんばってきたのは

いったい

だれの
ためだ
と
おもっ
てるの

你觉得我们这么辛苦是为了谁？

这样。如果一个孩子能做到只在填写表格时才感觉到父母的存在，那说明他已经成长得相当好了。

有位与丈夫长期处于分居状态的女士，终于下定决心正式离婚。当她把此事告诉读初中二年级的独生子时，儿子抚摸着她的头说："嗯，你也终于长成大人了。祝贺啊！"

出人意料的是，父母双方都体弱多病的家庭，孩子却成长得很好，这样的例子屡见不鲜。这种情形下，虽然父母不能很好地发挥其生物性的自然机能，但对于孩子来说，依然是特别重要且安定的存在。仅仅通过父母持续默默地关注，孩子的人格就能发展得非常健全。

母亲常常为了强调父母的主导地位，唠叨着"你是我千辛万苦生下来的"；父亲也常会口不择言地说"为你我付出了多少辛苦啊"……孩子理解不了这些话，也不可能理解，因为这根本就是谎话。有的孩子会无奈地回应："又不是我求你生了我啊！"这真是很恰当的回应。无论从哪方面看，这都是事实。

早已筋疲力尽的大人

我有个朋友是绘本作家，从小就喜欢由着性子一个人玩，现在仍然过着这样的生活。她给我讲过她小时候很想独自玩耍却困难重重的事。

她小时候总是喜欢一个人在沙坑玩，每次老师都会过来劝她："去和大家一起玩吧。"没办法，她只能过去和大家一起玩。但因为她还是更喜欢自己玩，过了一会儿就又回到沙坑，于是老师又过来找她。这样反复几次之后，老师竟然把两三个孩子领到沙坑，说："大家和她一起玩吧。"

发生这样的事，我非常理解。老师只看到她是一个人玩，却不知道她的真实想法。只看到"一个人玩"的情形，就陷入"一个人会孤独"的思维模式。在老师们眼中，一个人玩是不应该的，大家一起友好地玩耍才是正常的。对于事物的本质，他们什么都不看，什么都不想，什么都感觉不到。也就是说，他们都非常懈怠。身为教育指导者的成年人，常常会陷入这种状况。

也许是因为人类已经拥有四五千年的文明历史了，或者说经过了三十五万年的生物进化，大家都已经筋疲力尽。每当我读世界历史和日本历史时，都似乎能感受到这种疲倦的状态。人们产生想要逃避的想法也无可厚非。

如果让亚当和夏娃做历史题的话，他们会很轻松。面对“过去是什么样”这种问题，他们可以回答：“不知道，因为历史是在我们之后才开始的。”然后他们只要学一学与苹果有关的知识，考试就 OK 了。

只要看看那些戏剧作品就能明白，在莎士比亚的时代，人类就已经活得很辛苦了，《罗密欧与朱丽叶》《李尔王》《麦克白》……这些作品中的人际关系相当令人厌倦。日本江户时代的剧作家近松门左卫门，还有奥地利作家卡夫卡，他们的作品中展现的复杂的人际关系同样如此。大家活得太累了，但又不得不拼尽全力。

总之，父母已活得筋疲力尽，因此对孩子的事情总是采取一种“帮他决定”的态度。比如母亲，因为自己恋爱时情路坎坷，就不想让女儿去体验这种痛苦。父亲呢，因为考试曾吃过很多苦头，就把孩子弄进私立学校。大人在所有事情上都已身心俱疲，所以没有心力去顾及细微之处，只会正襟危坐地教导孩子“总之要和大家友好地相处啊”“你按照我们说的去做，人生就会很顺利”……我认为，现今社会就是这些精力越来越差的大人们在教育着孩子。

刚出生的孩子还是亚当或夏娃，是从零起步的。但是这些原本应该过得精彩纷呈的个体，从一开始就被“厌倦”的色彩污染了，很是可悲。我有一种强烈的感觉：每一个个体从出生的那一刻起就被侵犯了。

就拿运动会来说，人类举办过的运动会加起来恐怕有上百万次了，早已经没什么新鲜感。我并不是说某个人厌倦了运动会，而是运动会本身对于大人来说已经彻底失去了吸引力。但是，对于孩子们来说，运动会却可能充满了新鲜感。也许到了小学四年级，孩子们会渐渐对运动会感到厌烦。总之，运动会本身就令人厌烦，大家最好不要对运动会有所期待。

まったく うんざりするぜ…

我简直烦透了……

日本人都喜欢赏花，但为什么不选郁金香、桃花或辛夷，而只选樱花呢？选择樱花的原因并不难理解，但大多数人并不会去深究。一提赏花，自然就会想到樱花，毕竟这个传统已经有一千或一千五百年的历史了。对于赏樱花，大家也有些厌倦了吧，否则赏花活动不会总搞得那么奇怪。为了消除人们的这种厌倦感，就只能采取一些打破常规的举动。

每次看到附近的公园有老爷爷和老奶奶带着保温壶、一边喝茶一边认真赏樱花的情景，我总是欣喜不已，这才是体现赏花真义的场面。

我去郊外时，偶尔会与樱花不期而遇，看到樱花独自盛开在出人意料的地方，真是让人眼前一亮。它们不像东京上野或千鸟之渊的樱花那样，让人对“赏花”产生厌倦。如果说樱花已经把“令人厌倦”放进了它的DNA序列中，我想也没什么不对。

电视上经常播报一些“季节性新闻”。七月一日海水浴场首日开放时，电视新闻肯定都是人潮涌到海边的画面。为了报道盛夏之热，记者每次都跑到动物园里拍摄北极熊，还说着“由于天气太热,连北极熊都无精打采了”之类的话。即使拿去年的旧画面重播，也不会有人察觉。北极熊当然也已经烦透了，连新闻自身也对季节话题相当腻烦了。

大人们如果已经身心俱疲，就应该有能够感知这种状态的自觉。如果你对生活已经厌倦了，就痛快承认好了。如果你能这样做，原本就很善良的孩子一定会给你相应的理解和安慰。也许孩子会跟你坦白“其实我也累了”，如此一来，都处于疲倦状态的双方就可以相互理解。

但大人往往不够诚实，总是以“我一直在为孩子的幸福做打算”为借口，甚至对自己并不熟悉的自然环境问题都能侃侃而谈，简直和国会答辩一个模式——敷衍、搪塞。作为父母，他们不敢对孩子泄露“只能走一步看一步”的老底，只好强撑着说:“各方面的事情我都在考虑呢。”孩子总在期待有朝一日能发生一点变化，但事实是根本不可能有任何变化。因为大人根本就没有干劲,他们早已筋疲力尽。

“原本就是那样规定的”，这在日本似乎成了一种流行的说法。无论是在家长会上，还是针对孩子打疫苗的质疑，抑或是在有关社区事务的讨论会上，只要有人觉得“这样

我也正在考虑那件事呢。

不对”，然后提出质疑：“为什么会这样？”，负责人就会站出来说：“原本就是那样规定的。”

在我结婚登记时遇到过这样一件事。我听说办理结婚登记需要证明人签字并盖章，当时正巧一位朋友去领失业保险，顺路来我家玩，随身带着名章，我就让他在我结婚登记的相关表格上签字并盖了章，然后拿着登记表在临近下班的时间赶到了办理结婚登记手续的地方。可是到了那里，我却被告知，必须有两位证明人才行。我问：“为什么？”负责人回答：“原本就是那样规定的。”幸运的是，就在这个时候，一位做清洁的阿姨伸出了援手：“我带着名章呢，如果你不嫌弃的话……”这简直太幸运了，于是我还算顺利地办完了结婚登记手续。

能请一位失业的朋友和一位保洁阿姨作证人，我对自己的婚姻可以说相当自信。

从那时起到现在已经三十多年过去了，无论是类似“原本就是那样规定的”这类问题，还是人们遇到的各种婚姻问题，都没有得到解决。除了庆祝我们也没有别的选择。

我的一位教师朋友曾用从市面上买来的一本应试作文

原本就是那样规定的。

练习题让学生练习写作文，然后把作文题目和学生的作文拿给我看。有篇作文题提供了这样一段材料：“上课时外面忽然下起了大雨，同学们的妈妈络绎不绝地来学校送伞。但我的妈妈却因为要做钟点工，无法来给我送伞，想到妈妈正在努力地工作，我也要好好加油。放学后，我就和同学合撑一把伞回家了。”

作文的题目是针对这段材料发表五十字以内的感想。“没什么感想。”有个孩子这样回答。这回答简直说到我心里去了，我完全赞同。不就是下雨没带伞嘛，针对这样一件小事，“没什么感想”是理所当然的回答，无非就是字数有点少。我的这位教师朋友很了不起，他说：“这个答案我太佩服了，不得不给高分啊。”可惜这样的教师太少了。

那道作文题还附带教师用的标准答案，看了真让人无语。答案这样写道：“得分点是写出女孩体谅妈妈的心情、忍住自己的失落感，以及借伞给这位女孩的同学的善良。”竟然让孩子们去琢磨并贴近这些惯于逃避的大人给出的答案！

语言也好，文章也好，原本具有呈现人类精神活动的作用，语文学习本应该承担相当重要的使命，却被模式化了。

这样一来，孩子还能学到什么呢？只是记住了那些规定好的“图省事的答案”而已。

我女儿在考试时，曾遇到过类似这样的选择填空题。题目是“雨像 ___ 般落了下来”“雪花像 ___ 般飘了下来”，学生需要在横线处选填一个题后给出的选项，分别是：丝绵，丝线和坐垫。我觉得填“雪花像坐垫般飘了下来”也不错，是考幽默感的题目，却被告知正确答案是“雨像丝线般”“雪像丝绵般”，也就是说，这道题考的是惯用句型。我女儿的答案是“雪花像坐垫般飘了下来”，结果被老师判“错”。

实际上，看到下雪，有时确实能体会到原来这就是“丝绵一般的雪”；当远处有山为背景，雨被阳光照得白茫茫一片时，就能感觉到“丝线一般的雨”的形容之妙，继而赞叹第一个想出这样形容的人真是了不起。但这实在不适合用来考试，尤其不适合考选择题。

“像什么一样”是比喻中的明喻。语言其实很有趣，可以天马行空地造句：像大猩猩一样的录音机，今天的天气像鲸鱼一样，等等。这是多么自由的世界啊。

听说有个男孩创造了“脚快成汽水了”的说法，来形容脚麻。像“起泡”“起鸡皮疙瘩”等形容也是经过类似的创意，才最终成为习惯用语的。今后可能还会产生更多类似的语言表达，可见语言具有无限的创新性。孩子们的学习，也应该包含这种创新性。

写文章总是强调“起承转合”，但是按这个模式写出来的文章大部分都很无趣。到底是谁说这是作文的根本？这只不过是文章的一种写法，而且是一种“安全的”、刻意的写法。事实上，很多有趣的文章都无法完全套用“起承转合”这一模式。你可以从“承”开始，或更大胆地从“合”开始，还可以一直保持“起”的状态——文章类型可以多种多样。文艺作品的种类如此丰富，提出这一说法的人恐怕没读过多少书吧。如今孩子们的作文课上竟然还在教这种写作技巧，不仅枯燥，而且有害。

“我今后也可能创造历史”，孩子们若能有这样的想法该多棒啊。拾人牙慧，总是去收集整理过去的东西，学习已有的东西，哪比得上自己去尝试创新更让人欢欣雀跃呢？我们的教育应该将关注点转移到创造上来，这样更适合孩子。孩子们若能体会到这种微妙的转变，也会很高兴。将音符组合到一起就能创作出音乐，将色彩涂抹到一起就能创作出绘画作品，将文字组合在一起就能写出文章，掌握了数字就会计算……让孩子们看到这些可能性，他们就会心潮澎湃。

所以，有时候细节没那么重要：一个二分音符和两个四分音符没有太大的区别，汉字的笔顺也没有那么重要，把直角画成 89º 也没有关系——就像我，即使这样，还做过一段时间的工程设计师呢。最重要的是对各种可能性的感觉，为什么要毁掉这种感觉呢？

日本社会实在是太缺乏试验精神了，哪怕是“尝试一下”“改变一点儿”这种程度的试验，整个社会和个人都会逃避和抗拒。

时至今日，大多数小学生都还用着双肩书包，职场人士也都还穿着衬衫和西服。如今明明物质超级丰富，对于包和服装有着无限多的更合适的选择，却没有人做出改变。人们丝毫没有选择适合自己的物品来用的想法。大家都恐惧变化，害怕改变。尝试改变似乎被认为是一种罪过。

因此，喜欢试验精神的我经常受挫。我曾尝试设计新款的双肩书包并推向市场，有玫瑰粉和深棕两种颜色，材

那些太有个性的事会让我头疼，不要讲了。

质是人造革，很时尚，但是卖得非常差。之后我做了市场调研才明白（如果有人问“你怎么不先做市场调研”，我无话可说），选择和购买书包的“大权”是掌握在爷爷奶奶手里的。为了祝贺孙辈上小学，爷爷奶奶为他们购买双肩书包已经是约定俗成的事，也成了爷爷奶奶炫耀的最后机会。因此，八千五百日元的人造革书包是拿不出手的，三万九千日元的黑色亮皮或红色亮皮书包才是首选。像什么试验精神、提高生活品位之类，在祝贺孙辈入学这件事面前全都隐形了。

一位在美国留学的女孩，想给她寄宿的家庭做一顿日式料理。女孩在家从没做过饭，却还敢于尝试用日式料理招待别人，既能表达她的心意，又能向对方展现自己国家的饮食文化。她最终决定做味噌汤。她模糊地记得妈妈煮底汤时用了海藻类的植物，就用手边的羊栖菜煮了底汤，做出来的味道虽有些奇怪，但是寄宿家庭的爸爸妈妈还是把汤都喝光了。这真是太棒了。我没有用羊栖菜煮过底汤，不知道味道究竟如何。但听到这件事时，我非常高兴，因为这个女孩懂得尝试，将来煮底汤时她也许还会试着用海

実験精神は ライト兄弟に
まかせて おいたら どーです

至于试验精神嘛，咱们就拜托给莱特兄弟吧，如何？

带，用鲣鱼碎末，用小鱼干，或者把贝壳和蔬菜一起煮了之后再从里面取些底汤，总之，她会做各种尝试。于是，她就会慢慢懂得“美味的食物有很多呀”这件小事。甚至有人会模仿岚山光三郎[①]：既然能用鲣鱼碎末煮底汤，那铅笔的碎屑是不是也可以呢？

①岚山光三郎在《文人恶食》一书中提到自己曾将铅笔屑放入烤箱熏烤，使食物有烟熏的香味。

总是试图考验孩子的大人

大人总是试图考验孩子。我认为，这完全是以“提高孩子的能力”或“进行客观评价”为借口，堂而皇之地折磨孩子。

提高能力的方式只有这一种吗？测试、分数难道不应该是最后的环节吗？各种各样的测试一直持续到高考，进入社会之后，评价业绩也以分数为依据。由此可见这个社会的不成熟和复杂性，真是无可救药。

我曾听说过这样一个民间故事，有位仙女故意拿着一把金斧头和一把银斧头问樵夫：“这是你的斧头吗？”我觉得仙女的心眼儿太坏了。

她明明知道樵夫丢的是把铁斧头，却故意测试樵夫。如果是警察，的确可能不知道，可仙女肯定是知道的，否则就不能叫仙女了吧。

我不喜欢《蜘蛛丝》[①]这篇小说。看到那么多人抓着细细的蜘蛛丝，一个又一个地跟着自己向上攀爬，主人公对下面的人大吼“等我爬上去你们再上来”也是很自然的事。在这篇小说中，佛祖也同样用了不太光明的手段来考验人性。看来在考验人这一点上，佛祖也不能避免。

只要课程制度不改革，不让学生自愿选择课程，这种令人厌恶的测试方式就会一直存在。

孩子报名参加图画和手工设计的公开征集活动，或是想参加数学测试检验一下自己的实力，都是好事。运动会设置了各种项目，孩子可以从中选择自己喜欢的项目：喜欢杂耍的孩子可以参加嘴叼面包赛跑和借物赛跑；有运动员潜质的孩子可以选择百米赛跑或马拉松；喜欢追求美的孩子可以选择艺术体操。如果孩子们能有这么多快乐的选择，竞赛的意义自然就会彰显出来。

日本人总是过分强调“努力”的价值，可能是因为给“官

---

①《蜘蛛丝》是日本作家芥川龙之介创作的短篇小说，讲述的是印度一个无恶不作的强盗犍陀多在阿鼻地狱里饱受折磨，佛祖想起他生前也曾不忍踩死一只小蜘蛛，刚好宝莲池中有一只蜘蛛，于是就取了一根蜘蛛丝要救他脱离苦海。但是犍陀多向上爬的时候，因一念之私，叫嚷着让和他一起爬上蜘蛛丝的人下去。最后蜘蛛丝断裂，犍陀多又坠入地狱。

老爷”服务的历史太久吧，类似“看，我可是在辛勤地工作呢”这种总是需要不断向“官老爷”邀功的情形一直存在。如果一个人只是单纯为了工作，就不必在意自己的努力是否会成为被评价的对象，也不必把“努力”贴出来让大家看到。

我曾读过一位刚出生就坐在轮椅上的姑娘写的文章，她这样表达了自己的感受：我从出生到现在，已经习惯了这样的生活，没有体验过其他的生活方式，我一直都过着很普通的生活。可是，每次人们见到我时，都要说：“努力加油啊！”请打住吧！拜托不要再讲这种话了，我本来就很阳光，到底还要我怎样努力加油呢？

似乎大人们眼中的普通生活就是从早到晚一直努力，努力地去车站，努力地坐地铁，努力地去公司，努力地寒暄。工资似乎也成了靠努力挣来的辛苦钱。

大人的生活状态直接影响到了孩子，学校也在用“努力加油”“尽力了”等来评价孩子。但是孩子还没有到需要总结人生的阶段呢，大人总在他们耳边嚷嚷“努力加油”“尽力了”，真是毫无情趣。

忘了是什么时候，电视上播放过一个“集体跳长绳挑

总之，努力加油！！

战吉尼斯纪录”的节目，是一个学校老师带着几百个学生在挑战。老师也许会说“是学生主动提出想要挑战的”，看了节目就会知道事情没那么简单。其中大约有一半学生是喜欢起哄和凑热闹的孩子，还有一部分是抱着必胜的决心、满怀悲壮的孩子。我越看心情越沉重。

挑战成功了。在打破纪录的那一瞬间，抱着必胜决心的孩子都哭了。电视画面里的大人说：“孩子们哭是因为挑战成功，太激动了。”我认为这种说法太轻率了。

那些孩子怀着怎样的心情，我能明白九成。他们是在以命相搏，因为一旦出现失误肯定会被其他人责怪：“都是因为你的脚绊了绳”“都是因为你跳得不认真”，还会因此被大家排斥。所以他们甚至会真心地希望如果出现失误，大家同时被绊住才好。

跳长绳仅仅是个游戏，就弄到如此地步，让我觉得非常可怕。可是，作为指导老师的大人，也许只是认为“不过就是带领大家齐心协力完成了一件事情，留下了一个美好的回忆”而已。

战争时期似乎也有过类似的情形，大家一味地在“国家”这样一个宏大的名号下隐忍着。直至今日，学校仍在

有一本书上说过，生物都是在集体中共生才能获得协调发展。

力求教育出那种一声令下就能为了某种目的而机械行动的人。我深切地感受到那种幽灵般的文化至今依然存在。

那种持有旧式思考方式的人，出现在军事管理部门或政府部门也就算了，竟然还出现在了学校甚至幼儿园，实在让人不寒而栗。“集体行动难道不重要吗？”如果被这样质问，我的确无法反驳。在这样沉重的文化环境中，作为个体存在的人是非常艰难的。

孩子的发型总会成为被议论的对象，还有人认为比起发型，其实是头发本身的问题。这些细节暂且放一边。我认为这种事情根本就不应该被他人指手画脚，服装的问题也是如此。老师们却往往认死理，整日唠叨着“头发乱，心就乱；服装乱，心也会乱”。心的确会乱，但是我认为心本来就是为了乱而存在的。不会乱的心，就不是心。

我喜欢“心”这个字，喜欢它的字形。“权”“军”等字的结构坚固稳健，“心”字却很轻盈。“心”从一开始就是乱的。“别乱了心性”“死心吧”等说法，就相当于让“吓了一跳”“吃了一惊”“忐忑不安”等心理活动全部停止。的确，从管理者、执政者的立场来看，大家都“乱了心性”会很麻烦。

但若是要求人心不乱，那就等于让人不要拥有心。

有很多孩子讨厌胡萝卜，因为胡萝卜的味道比较特殊。讨厌土豆的人就很少，因为土豆没有什么特殊味道。在味道这一点上，胡萝卜比较突出，所以被人讨厌也可以理解。不是也有大人不喜欢喝咖啡或波本威士忌吗?

但是为什么孩子在吃学校供应的免费午餐时，剩下胡萝卜就要受到严厉批评呢?这类问题至今也没有得到解决，学校还会因为孩子没有吃完胡萝卜就不允许他出去玩，或者用扫除、作业翻倍等作为惩罚，所以有的孩子一边哭一边强迫自己把胡萝卜吃下去。时至今日，竟然还会发生如此愚蠢的事情，简直让人不敢相信，就好像人类有吃胡萝卜的义务似的。

孩子对此感到一头雾水，但他们觉得大人必定是有道理的，就像“美国人必定会说英语”一样。于是，大人就这样把“吃胡萝卜是一种义务”的观念灌输给孩子，认为这是天经地义的事。

为了让孩子吃胡萝卜而闹到这种地步，想必这些大人一定有解释得通的理由吧。然而，孩子一直听话照做，直到长大之后才明白，这其实根本没什么理由。人生并不会因为吃饭剩下西蓝花而变得不幸，不吃胡萝卜也不一定会得病。如果你问大人："胡萝卜和人生有什么关系吗？"99%的人会回答："没有。"余下1%的人则会说出一些带有哲学意味的话。

孩子忘记做作业被骂的真实原因是"没有按时完成老师要求的事情"。老师常常挂在嘴边的却是"为了学生好""为了学生的将来"之类的话。其根本原因就在于，老师不喜欢不听话的孩子，这关系到老师的威信。

正因如此，孩子就要想方设法去理解大人所说的话是什么意思，还有背后的原因是什么，除了自己琢磨别无他法。我小时候就是这样，常常在琢磨大人为什么会生气，或我为什么被表扬。

这个时候，孩子身边是否能有一位可以咨询的大人（比如父母或老师），对他们来说会有很大的不同。"不喜欢吃胡萝卜，拨到一边不就可以了吗？"有这样一句点拨，胡萝卜难题就解决了。哪怕是"吃点胡萝卜又死不了"这种蛮横的话，也会收到意外的效果。

不吃胡萝卜会得病的，你这个小家伙真不听话。

可是，如果父母希望教育出一个听话懂事的孩子，与老师站在同一战线上，孩子就会很惨，因为这样他就没有任何别的出路了。

小时候，父亲看到我做那种同一个汉字重复写很多遍的愚蠢作业，就会对我说："你用复写纸写不就能快点吗？"但父亲毕竟不能时刻陪着我，我在学校还是会被罚站。不过就是因为有这样的父亲，我才会觉得不那么孤独。

父母如果与老师站在同一战线，要求孩子俯首帖耳，孩子就只能暂时妥协，维持表面的和平。孩子在琢磨快速写字法、如何吃掉胡萝卜，或是完成作业的妙招等无聊的事情上浪费了巨大的精力，这是完全没有意义的。在琢磨这些事情的时候，他们还学会了敷衍，学会了偷梁换柱，学会了作弊。为了满足大人的要求，孩子浪费了大量的时间，无法去做自己想做的事情。渐渐地，他们连自己到底想要做什么都不知道了。

有人在被恋人抛弃后会大喊："还我青春！"面对学校的教育体制，孩子们真应该大声说："把宝贵的时间还给我！"不管怎么说，最少也有九年[①]的光阴呢。

---

①根据日本政府教育基本法的规定，日本的义务教育为九年。

有的学校规定学生郊游时，每人只能带两百日元以内的点心，盒饭只能带饭团，不能带水果等。限制的理由是，如果孩子之间存在贫富差距，穷人家的孩子就显得比较可怜。这是我从小学老师那里亲耳听到的，简直不可思议，学校管得也太多了。

如果真有孩子因为特殊原因没带点心，其他孩子也会分给他的。孩子的世界就是这样。带点心的孩子会分给没带的孩子，没带的也会开口向带点心的孩子去要，热热闹闹地分来抢去。当然有时也会互相吵架，但总的来说不会发生特别不愉快的事情。即便是有了麻烦，也比在心里暗暗揣摩到底有没有超过两百日元这样的事更有意义吧。

有个从美国回来的女孩，郊游时在用餐时间给大家发糖果。据说这是美国南部的一种习俗，参加郊游的孩子会拿着装有糖果的小竹篮给大家发糖，是向大家问好的一种方式。虽说她也被告知所带的点心要控制在两百日元以内，但还是高高兴兴地把糖分给了同学和老师。

我认为日本人的理论是感性理论，人们把平日里很多约定俗成的事情上升到理论层面。学校这种把点心价格控

家境不好的孩子太可怜了，

所以要买两百日元以内的点心。

制在两百日元以内的要求，就属于这样的理论。但假如糖果的价格超过了两百日元，大家也不会反对。给大家分发糖果是件很快乐的事，得到糖的一方也很高兴，因此基本上不会存在反对意见。不同的文化正是像这样从不同的风土翩然而至，日本的文化也应该具有接纳其他文化的包容性。如果你觉得被某些社会风气压得喘不过气来，就干脆轻松地大步向前进吧。

听说某校新年试笔的书法大会上，有个女孩的书法写成了横排，让人眼前一亮，可惜最后展出时因为与其他作品不好搭配而没能参展。这个女孩就属于那种“大家都是竖着写，我偏想试试横着写”的类型，这样的孩子有许多。如果大人能够给予鼓励和称赞，孩子的视角就会更多元，社会也会随之慢慢发生改变。说不定当你发觉时，书法界已经有了很大的变化。

大人总是在考验孩子，对此我很是不快。应该改掉“干得不错”“努力加油”这类思维模式。没有了这些不快，社会就会变得明朗起来。

就是喜欢义务和服从的大人

想要避免“欺凌”的发生，首先要消灭现今的“学校体系”。换言之，不是学校存在着欺凌，而是学校的结构本身就是“欺凌”。

事实上,几乎没有孩子真的愿意去学校。只要学校放假，孩子们就会欢呼“万岁”。有很多孩子到学校是为了见朋友，去游泳池游泳，去图书馆看书，但几乎没有哪个孩子真的是想去学校的。

我查阅了相关书籍，关于学校的起源，有一种说法是学校是斯堪的纳维亚半岛的海盗为了训练海盗预备兵而建立的。也就是说，在历史上，学校原本是为了强化组织力量而建的增强个体能力的训练场所。

虽然常有儿童教育专家针对学校与个体的平衡发表议论，但其实从一开始，学校中就不存在真正的“个体”。学校中所谓的个体，只是作为组织的一个单位而存在。若非如此，几岁读几年级的学龄划分也不会如此机械统一，课程时间也不至于规定到几点几分开始这样细致，对于学生迟到的处理也不会那么神经质。提升个人实力只是为了更好地为组织（即国家）效力，否则国力将会衰弱，最终导致国家在世界竞争中失败。日本社会之所以如此倚重学校，正是因为面临着这种压力。除此之外，我想不出还有什么其他理由。

我读小学一年级时，个子很小，身高在班里是倒数第二。因为不是倒数第一，心态还算平稳。可是，有一年过年之后再回到学校，那个倒数第一的小个子同学竟然转学走了。这简直是晴天霹雳，给了我很大的打击。也许因为我对此耿耿于怀吧，所以认为学校按照身高顺序进行管理的做法不可理喻。学校为什么要对学生的个子高矮如此在意呢？学校有什么必要故意把“你是最矮的”“你的个子在班里排第十六”之类的信息半公开化呢？

考试考一百分的学生欺负考六十分的，考六十分的欺负考四十分的，考四十分的欺负考零分的。这完全不是个人的意志所致，而是评分机制导致的结果。老师还唯恐大家看不清似的用红笔把四十分写得大大的，分数下面还画上一道横线。我认为这种形式本身就已经构成了一种“欺凌”。于是，不想欺负人或不想被人欺负的孩子都会把分数藏起来。得了高分的孩子也会把分数藏起来。

类似的现象其实从托儿所、幼儿园阶段就已经开始了。孩子们被分成会写字的和不会写字的，行动敏捷的和行动迟缓的，各种活动中表现出彩的和表现不怎么好的。这种只用会与不会的视角去评价孩子的做法，容易导致会的孩子欺负不会的孩子。难道就不能按照做与不做来区分吗?

所有这一切都源自竞争理论。这一理论认为，通过互相竞争能够促进彼此实力的提高，因而是正确的。

这未免也太轻率了。只要稍加思考就能明白：在这个世界上，没有人能永远赢或永远输，不管什么都存在着一定的几率。这完全不能上升到理论的高度。

观察一下周围就能发现：竞争中赢了的家伙得意扬扬，输了的人意志消沉；赢的一方还想赢，输的一方因心中不满而怄气，并为了赢绞尽脑汁地想办法。无论怎样，一旦情况变成这样，打着“相互促进、提高实力”旗号的竞争理论都很难再起作用。如果可能的话，应该不拘泥于输赢才好，

相对来看，您家孩子反应迟钝，个头也小。

让幼小的孩子不要在乎输赢。鼓动孩子们去竞争这一心理，只能说十分卑劣。

完全无视个体差异和孩子的意愿让孩子站队，对他们进行区分和排名，这样的学校教育制度本身就是产生“欺凌”的根源。就像动物园里人为造出来的猴山，与自然形成的山完全是两回事。孩子们被毫无理由地集中到一起肯定会做出各种反应，发生欺凌事件、拒绝上学之类的一点都不奇怪。

学校以居住地和年龄作为划分依据，将几十名学生聚集到一起。该如何让他们团结一心呢？其中一个办法就是强调“友好相处”。班级全体成员要友好相处，学校全体成员也要友好相处，从而形成一个友好相处的联合体。管理者用的就是这一招。以前，常有文人在彩纸上写“友好和睦，何其美哉”[①]之类的话，人们很难发觉这竟然是管理人的招数。这个办法如果用不好是相当危险的。

这不是说友好的状态本身有问题，而是那种强调必须要友好相处的做法很危险。现实中，大人命令孩子们要友

①日本白桦派文学家武者小路实笃常在彩纸上写这句话。

好相处，但在这随意被集中到一起的群体中，孩子们恐怕并不能做到。性格大大咧咧的孩子，会去寻找同样性格的孩子做朋友，这类孩子问题还不大。但是有些喜欢较真的孩子就会认真地朝着友好相处的方向去努力，认为应该做到，就去追求真正的友好相处，绝不会随便应付。可是在几十个同学中，找到真正合拍的同伴的几率太小了。

于是，大家都懵懵懂懂地按照友好相处的模式去和其他人打交道，除了硬着头皮去做，也别无选择。

在这个过程中，性格较真而交往能力弱的孩子就可能成为被欺负的对象。为了避免被欺负，这些孩子就会拼命努力去和同学交往，并因此身心俱疲。

这个过程，管理者是看不到的，他们也没有想过去观察。即便发生了什么事，管理者也不会想着做些什么，或许他们也没有能力去做些什么。

举个例子，现在有四家寿司店，有好吃的，也有难吃的；有赚钱的，也有门庭冷落的。如果法律强行规定居住在三街道的人要去〇〇寿司店吃饭，居住在五街道的人要去△△寿司店吃饭，寿司店老板倒是生意兴隆、满心欢喜，但是被要求去△△寿司店的人可能就会很难受。如果他们

大家都能成为好朋友，真不错呀。

悄悄来到三街道的那间寿司店,就会被要求"出示身份证明"或被拒绝之门外。好在世上还没有这样的法律条款。

可类似这样的事情却在学校里大行其道。

我小时候就觉得老师和学生的关系是一种很奇怪的关系。我小学一年级时的班主任是一位毫无工作热情的中年女教师。而隔壁班的老师很年轻，校园各处都能看到她活跃的身影，所以我就觉得她们班特别好，很想去那位老师的班上，结果我的班主任把我骂了一通。没办法，我只好回到自己的班，不得不跟随自己班的老师学习。这种关系到底是怎么回事呢，幼小的我苦恼了很久。

其根本原因在于，老师绝不认为学生是他们的"顾客"。但如果仔细琢磨社会的构成就会明白，对教师这一职业来说，孩子恰恰处于"顾客"的立场。没有了学生，教师这一职业就绝不可能存在，就像有了读者才可能有绘本作家一样。

如今从中学退学而转到课外辅导机构学习，再直接参加高考的学生逐渐多起来，我对此很理解。高考辅导机构本来就是做生意的，与学生之间是商家和顾客的关系，因此不会在学生裙摆的长短、发型等无关紧要的事上浪费口舌，而只是努力提供与目标相符的高密度课程。

与此相反，普通学校依然自诩在引导和教育“幼小愚昧”的孩子。这与传教完全是一个套路——你们都是不明事理的不幸的人，有机会来到学校这个“教会”沐浴圣光，就能变成一个像样的人，得到祝福。因此，教师这一职业仍被看作是“圣职”。真是大言不惭。

“如果有谁不想待在这个教室可以出去，与班主任不合可以去找合得来的班主任。”如果真能保证孩子的这种自由选择权，那有的老师马上就会失业。学校就是为了防止类似的事情发生，才想出了各种手段。“义务教育”成了最后的堡垒。我也想说学校与寿司店是绝对不同的，但它们本质上就是一样的。

日本宪法第二十六条是关于义务教育的，被写入宪法的时候，日本还处于父母独大、很多孩子被送去做学徒、对孩子来说非常艰难的时代。因此，这一条文的性质更像是为了防止异常事件发生。同理，为了防止父母任意决定子女的婚姻，有关婚姻自由的内容也被写进了宪法。

日本宪法第二十六条的文字虽然端着架子，但认真读

虽然这么说显得不够谦逊，但教育孩子的确是我的使命！

就能明白。第二十六条【受教育的权利和义务】的第一项内容如下：“按照法律规定，全体国民都有依其能力接受同等教育的权利。按照法律规定，全体国民都有使其抚养的子女接受普通教育的义务。义务教育免费。”也就是说，只要孩子想学习，他就有权利按照他的能力接受适当的教育，父母不能无视这一权利，而且接受教育是免费的。这真的很棒！完全是为孩子的利益着想的法律。因为法律规定的是孩子拥有受教育的权利，所以孩子也可以选择不去行使这一权利。条文中提到的义务不是针对孩子，而是针对大人的，指的是父母要承担不阻挠孩子行使权利的义务。

但是，大人们无视宪法的原意，将这条法律条文擅自理解成“孩子有去上学的义务”。这一层意思，宪法第二十六条并没有体现，任何地方都没有这样写过，大人们非要这样解释，是否可以说是违宪呢？大人们还因“尽到了义务”而无比开心，这只能说是有病。现在还出现了“厌学的孩子”之类的词语。孩子不去上学原本只是选择不行使这项权利，可大人们不愿接受这个事实，非要把他们当作拒绝承担上学义务的孩子。很多大人都是这样想的。

令人震惊的是，这些人中不仅包括学校的老师，还有

义理更胜于义务吧。

相当多的父母。他们认为不去上学是反社会的行为，这样的孩子将被社会抛弃。而为了培养百折不挠的孩子、不逃避的孩子、勤奋的孩子、对社会有用的孩子，就有必要对孩子进行集中管理。这样一来，父母就不只是监护人了，还变成了执法者，成为教育体制的外派职员。而且这样做其实是违宪的。真是不可思议。

面对脸色苍白，说着“不想去上学”的孩子，父母竟还要逼着他去学校，我实在无法理解这些父母的心理。难道他们不爱自己的孩子吗？孩子很正常，如果不想去某个地方，一定是那个地方有问题。这时父母不该问“为什么不想去”，而该问“那么你想去哪里”。

泡澡时，孩子嫌水太热，大人却非要坚持说：“不热，让水泡到肩膀的位置暖暖身子。”这与命令孩子去上学在本质上是一样的。我不明白大人非要强制孩子泡热水澡的目的何在，对此孩子会有什么感觉呢？也许仅仅会“讨厌泡热水澡”吧。同样，被命令去上学的孩子也只会感到“讨厌学校”“学习很辛苦”。

我的大女儿读到高一、小女儿初中读到一半，两人就都退学了。以我的经验，这个社会并不是非要有学历才能生存，未来学历的重要性还会不断降低，我深切地感受到学校教育已不再是独一无二的选择。我的女儿们毕竟拥有我这样一位父亲，所以学校对她们来说只不过是可选的人生道路之一。如果她们觉得学校不适合自己，我也会很自然地接受，不会阻挠她们的决定。现在两个女儿都已经长大，乐观地生活着。我几乎看不到退学给她们带来了什么不好的影响，似乎上学与不上学都没什么关系。

当时，我的小女儿把学校里的常规课程都放弃了，但因为喜欢烹饪课，偶尔还会去学校。她的校长是位很出色的教育者，曾对她说："我们有义务知道你是否每天都过着健康的生活，所以你偶尔也要到学校露个面。如果你想学习，随时可以回来。"校长的这番话完全符合宪法的精神。因此天气好时，我女儿就会到学校问候一下，顺便报告一声。作为家长，我也告诉女儿她的确有义务这样做。除此之外，我还向教委提交了申请，并告知他们："我的女儿很开朗，每天以适合她的方式在学习，没有问题，请放心。"如此就不存在什么问题了。但是现在 99% 的父母并不知道可以这样做，甚至有些老师也不知道。

果然如我所料，没过多久，我女儿的班主任就以“请体谅一下我的立场”“会给其他学生产生不好的示范作用”为由提出了一个奇怪的要求，要将我女儿不上学的原因处理为“病假”。或许在老师看来，我女儿不上学就会沦为将头发染成红色、在车站前吸着香蕉水[1]的不良少女，让人摇头叹息。然而我的女儿开朗漂亮，骑自行车去买面包时马尾辫随风飘扬，这似乎很让老师下不来台。老师还提出，不来学校就罢了，但上学时间不要总在学校附近晃悠。唉，这个社会的人情世故，真是让人头疼。

活到这个年纪，我深切地感悟到，所谓人生就是寻找自己位置的过程。我一直在寻找，我观察到我的孩子也是这样。有的孩子能顺利地找到自己的位置，有的孩子则因能力不足而无法找到。但是，由别人提供的位置是靠不住的，自己人生的位置必须靠自己去探索。在这个过程中，如果孩子需要帮助，大人能否助他一臂之力至关重要。

---

①一种由多种有机溶剂配制而成的溶液，可视为毒品，吸食后会让人知觉受损，失去协调性和判断能力。

我认可你的自由，可你在人前……

“学校好像不适合我”，像这类有着清晰自我意识的孩子，能干脆利落地从学校里逃出来，自由愉快地生活。他们都在努力地寻找着适合自己的新位置。近些年来，这样的孩子越来越多了。

我常常遇到人生过半才第一次体会到学习乐趣和价值的人，虽然三四十岁了，还在通过各种形式学习。无独有偶，这些人都以不同的方式暗示了传统学校不尽如人意之处。

如今出现了许多新式的学校，是为那些真正想要自主学习的人开设的，比如绘本学校、色彩学校、编辑学校等。各种形式的学校正逐渐构建起新的学习体系。我有时会被邀请去这些新式学校做讲座。虽然我觉得那里的学生现在才开始学有些晚了，但还来得及。不，不如说他们充满激情地认为一切都才刚刚开始。这些人都是白天上班，晚上集中上课；授课的教师也是这样，大家都是因为有需要才来的。在这样的学校讲课感觉很好，我也讲得特别卖力。卖力归卖力，讲的内容其实都挺无聊的。

任何时候都不懂装懂的大人

我认为，花样滑冰不属于竞技体育的项目。竞技体育项目比的是速度、距离、重量和得分。也就是说，只有那种有绝对标准的项目才能称作竞技体育。

不知为何，花样滑冰比赛会设置“艺术分”。日本著名花样滑冰选手伊藤绿的支持者有一次就非常不服气，只因为卡特琳娜·维特得到的艺术分比伊藤绿高。花样滑冰的裁判通常是曾做过花样滑冰选手、从衣着就能看出审美品味较差的一群人，所以评分标准大概也是闭门造车，例如“平衡感很好”“演出服有统一感”“动作充满了艺术的美感”“毫无艺术性可言”……如此看来，花样滑冰为什么会属于竞技体育呢？

同样，跳台滑雪比赛中有“飞行分”一项。我想，无论如何也应该是跳得哪怕比别人只远一厘米的人获胜，可为什么还要评判运动员飞行时的姿势呢？如果是这样，那选手长相的美丑和出身的好坏是否也应该考虑在内？

滑雪运动中的跳跃这一动作曾发生过重大变化。虽然在“飞行分”这一项上得高分的条件之一在于将两只滑板并齐，但是相比之下，肯定是将双腿张开呈V字形的浮力更大，飞得更远。于是就有“喜欢创新”的运动员发现，即便“飞行分”这一项被扣分，只要距离足够远，就能获得更高的分数。这些运动员进行了大胆的尝试，证明了让滑板呈V字形的滑法更稳定，危险性更小。如今，这一滑法已经成了主流。

但是，今后评委在评分时说不定会有“即使是V字形，也要具有美感”的论调。而且到目前为止，还没有人质疑“飞行分”这一项的存在，令我感到困惑。我还会继续关注滑雪这项运动的发展。

毫无慧根、体悟不出艺术乐趣的人却站在一旁指手画脚，这种现象在滑雪、滑冰等项目中很常见。不过这毕竟是成年人之间进行的运动，也无可奈何。然而，这些人竟然还跑到孩子的世界里，谈论他们所谓的艺术教育，情况就变得非常糟糕了，我绝不能坐视不理。

最近流行的所谓的“儿童绘画心理学”，就是用孩子画的画来评判孩子的心理状况，简直可以说是低级趣味。如果一个成年人用血型或占星术来判断一切事物，一定会被狠狠痛骂“太蠢了”。可是比这还蠢的事情如今却大行其道，竟然还是以孩子为对象。

比如，他们认为爱用暗色调颜色绘画的孩子“性格忧郁”，持这种论调的家伙才真是心理阴暗呢。还有，他们认为喜欢把物体画得比较小的孩子“神经质”，建议孩子尽量用较大的纸，并将纸画满。

若孩子画出了画纸边缘，会得到“精气神十足”的评价；因为画得太使劲而把纸弄破，则被认为是“性格粗暴”。我真想让他们适可而止。如果这些人蠢笨还好办，可他们竟然如此狡猾。

为什么这样说呢？因为这些人给孩子贴上了忧郁、神经质、性格粗暴等标签，将他们归为问题儿童，最终目的是为了“让我们来治疗吧”。孩子把画画得很小，就被评为“神经质”，这是负面评价，所以要改变他的画法，让他把画画大些。而具体的做法就是给孩子更粗的蜡笔，这样孩子自

总之，这就是艺术。

然无法画得很小，于是得到了“真不错”的评价。

这种愚蠢的营生本该让他们自己一边玩去，但孩子的父母竟然还在震惊之余轻易相信，导致这种蠢行一直存在。不管怎样，孩子是最可怜的。

孩子完全没有打算参加这种心理测试，却被轻率的大人卷入所谓的“儿童绘画心理学”里，这才是最大的问题。这就好比我们本来好好地生活着，并不知道恩格尔系数的存在，却突然被告知“你家的食物支出占到收入的80%，属于贫困阶级，需要改善”。孩子在这种完全不经本人同意就突然被卷进去的暴力面前，是完全无能为力的，只能成为被测试者，掉入大人们布好的陷阱。

如果你去欧洲的美术馆参观，会看到有的人在临摹，有的人在讨论，还有家长在为孩子讲解，现场煞是热闹。音乐会结束之后的大厅，同样也热闹非凡。虽然我没有走遍所有的地方，但仅就我体验过的这些地方，都给我留下了这样的印象。

而日本的美术馆或音乐会，特别是古典音乐的音乐会，现场都格外安静。大家在“触摸艺术”的压力下，像牛羊般安静地看着，听着。那架势仿佛只要接触了绘画和音乐，艺术细胞就能在身体里培养起来似的，大家都小心翼翼地端着架势，生怕将这些艺术细胞弄掉了。

我工作时，经常会在办公室放些音乐，常会有人说好听。当我问："您也喜欢音乐吗？"常常得到类似的回答："虽然喜欢，但不太懂。"不太懂什么呢？可能是不太懂曲名、作曲家、时代背景、曲子类别之类的。但听音乐又不是猜谜。

这类人一般对音乐都不太感兴趣，本来也没什么问题。但被问到是否喜欢音乐时，大家通常都会说喜欢。似乎大家都必须知道巴赫、莫扎特、贝多芬、柴可夫斯基、维瓦尔第等，而在美术领域也需要知道达芬奇、雷诺阿、塞尚、毕加索等。假如不知道这些，就没有达到一般水平，所以还是先了解为妙。身处这样的文化环境中，大家会把各领域中最具代表性的人物简要地记住，但并不会继续深入学习，也不会再有更进一步的了解。

当这种水平的大人教孩子音乐和绘画时，也就沿袭了那种"大略了解"的教法，也就是所谓的通识教育。但是这样的教育方式不利于培养孩子对音乐和绘画的兴趣。当孩子成人之后，能在给上司的新年贺卡上风雅地画上几笔，

我的爱好是古典音乐和七宝烧工艺制作。

或是在宴会上高歌一曲不让大家冷场，教育的目的似乎就达到了。这种教育仅仅是为了让孩子掌握将来能平安无事地应对工作的基础能力。

NHK[1]常常举办工艺、烹饪、园艺等主题的电视讲座。当我有意识地观看这类与自己的兴趣爱好相关的节目时，发现日本文化的特点无一不隐藏其中。

以“木雕入门”讲座为例，老师说：“本周我们将用木雕技法一起来雕刻一个近代风格的台灯。”接着就会按照常见的套路，没完没了地介绍将童话风格的灯杆配灯泡的台灯做法。而且节目里肯定会安排一个向老师请教的学生：“老师，这部分的曲线这样雕刻合适吗？”老师会回答：“还是雕刻得深一点好。”为什么会这样回答呢？仅仅是出于老师个人的喜好罢了，除此之外没有什么特别的理由。

“俳句[2]入门”的电视讲座中，老师竟然在现场大胆地修改观众的投稿作品，甚至将作者原本的构思全部改掉，让人目瞪口呆。虽说投稿人的水平一般，但这种行为表明

①日本广播协会的英文缩写。

②日本的一种古典短诗，由“五－七－五”共十七字音组成。

了这是“以老师为绝对标准”的世界。

为了把“按照老师讲的去做”这个方针大胆地推行下去，就有了“一切都从模仿开始”这种说法。这个世界上，有些事确实需要从模仿开始，但这和老师们讲的模仿不是一回事。无论老师意识到与否，“模仿”对他们来说仅仅是保护自己的手段。只要还有人在模仿他们，就说明他们暂时不会被别人超越。这对巩固老师的权威地位来说真是难得的好说辞。

将“按照老师讲的去做”的理念推行到极致的是日本的茶道和花道。虽然柔道也是一种“道”，但无论柔道老师的权威有多高，都会面临“如果自己的弟子足够强大的话，老师就会被摔出局”的严峻现实。茶道和花道的老师不用担心“出局”的问题，因此很安心。在茶道与花道的领域，学生只需要等待时机成熟，受领一个名号，建立自己的工作室。他本人可能对花道和茶道并没有什么兴趣，而且多处于浑浑噩噩的状态，却也不会被其他人超越，就像行驶在狭窄的单行道上一样。就这样，茶道和花道如今已经变成了与“泡茶”“插花”的初衷毫不相关的技艺了。

我有时会用点茶法沏抹茶来喝，将速溶的抹茶粉用茶

这就是所谓的传统之美啊……

筅打一打，有趣且省事。有访客时，我有时会以此招待，每每被问到属于哪个茶道流派我心里都有些不舒服，连诙谐回应的兴致都没有。

插花原本也是特别有趣的事，抽出来或插进去，可以做各种各样的尝试。如果能随处取来花、叶子或树枝是最好不过的，在花店里买总觉得不甘心，有一种从开始就输了的感觉。有时候,看到别人的插花作品,会不由得感叹“这家伙不一般”。花道，本就是这样一个丰富多彩的世界，不该区分各种流派。如果硬要分流派，这件事就会变得乏味起来。

原本是丰富多彩的世界，却要通过授予名号约束弟子这样或那样做，实在让人想不通。

这个世界上有很多整日向往着按部就班地跟随前辈的人，学成之后自己也开始招收弟子。这就像是在进行“文化传销”，我真不愿意让孩子看到这样的文化。

日本人对传统文化的热情不断高涨，似乎必须找到某种精神皈依才能安心，才会活跃起来。警察对传统节日里的喧闹场面睁一只眼闭一只眼，对于摇滚音乐节这种新事物却管束得很严格。

前一段时间，因为盛情难却，我不得已参加了某个花道流派的展览会，现在想来实在是欠考虑。会场设置在一座大厦中，正中放着一根巨木和一座沙山，此外还有看上去极其昂贵的插花装饰、各种花和叶子杂乱地插着，肆无忌惮地开放着。说实话，真没什么品位。但是警察对此当然不会来管制，环保团体也不会在意。因为有传统文化这把保护伞，所以大家都很放心，谁也不会有意见。这让我觉得所谓的文化有时很令人厌恶。看来，以后也只能期待国税局有所作为了。

艺术学校至今仍在教授石膏素描，画的都还是维纳斯、布鲁图和巴尔扎克,传授的一直是欧洲古典主义的风格。唉，实在无趣。我的石膏素描成绩曾经很糟糕，因为这是一门要求技术的艺术。从构图、色彩的浓淡，到如何画出质感、喷定画液等，都需要相当熟练的技法才能完成。甚至还包括使用面包辅助创作这种不可思议的环节。这是一个独特的领域，是一个叫石膏炭笔画的世界。看到年轻人聚在一起用炭笔临摹石膏像，那场景真的让人感觉很奇妙。如果他们过不了这一关，就无法进入绘画世界的大门，所以他们一直在努力。有指导教材，有课外辅导学校，当然也有指导老师，“这是基础，这是学院派”成了他们的标语。

经过努力，掌握了绘画技巧，考上艺术学校，虽是值得庆贺的事，也会有许多麻烦，因为这种绘画技巧在上了艺术学校之后就不太需要了。这些年轻人一直在画石膏像，已经想不出还可以画别的什么画，因此会遇到瓶颈。他们最终只能去做石膏炭笔画的技术指导，幸运的是，这个岗位正好需要学院派的技巧。

无论是日本画的大家，还是西洋画的巨擘，如果对他们进行个人采访，这些人绝对会说：“画想画的！”或者说：“把心中浮现的原封不动地诉诸笔端。”但这只是他们个人的想法，大部分学画画的人至今仍然在画石膏素描。

我的朋友中，可以把喜欢的事物随心所欲地描绘出来、并以绘画为职业的人不在少数。不过，他们中的大多数都不擅长石膏素描。看来，不擅长石膏素描的并不是只有我一个。

我曾碍于情面当过一次由企业赞助的明信片绘画大赛的评委。其他评委有艺术院校的老师、油画画家、喜欢绘画的女演员和美术评论家。评选规则是每位评委先选出五幅画，一共从一千多幅画作中初选出二十五幅左右。本以为评选到此就能皆大欢喜地结束了，谁知道考验接踵而来。

这之后，还需要所有评委一起选出十幅佳作、三幅优秀奖和一幅最佳作品。对此，大家都很热心认真。

在进入共同评选之前，需要每位评委针对自己选出的五幅作品陈述选择理由。艺术院校的老师先开了腔："我主要是以构图的精准度和是否有趣作为标准进行选择的……"；接下来，喜欢绘画的女演员说："绘画真是美好啊！"简直让人丈二和尚摸不着头脑；美术评论家则滔滔不绝地讲了起来："时代的……"我已经等得焦躁难耐了，因此轮到我的时候，真实想法脱口而出："我选择的标准是能让我用两千日元以内的价格买下来的画，因为我的预算一共是一万日元。"刹那间，会场陷入一片寂静。在这之后，就再也没人理我了。我觉得自己好孤单啊。

一些不怎么看毕加索作品的大人，看到了抽象的绘画作品就立刻脱口而出"毕加索"；提到贝多芬，大人们也会哼唱起《命运交响曲》中那几个大家都熟悉的曲调。夸张

我的标准在于如实描绘……

变形只是毕加索绘画风格的一部分，《命运交响曲》也只是贝多芬音乐创作的一个篇章，他的弦乐重奏曲和奏鸣曲其实更为精彩。一提到建筑师冈本太郎，大人们就会谈论起他的“艺术就是爆炸”的言论；而提起俳句大师松尾芭蕉，就背起那句“古池塘，青蛙跳入水声响”。大人们总是这样，明明对这些事情毫无兴趣和想法，却总要表现出一副“我什么都懂”的样子。这让人有些不快。

最后，我顺便提一下——真的只是顺便说说而已——绘本《大家来大便》只是五味太郎众多作品中的一本。请大家多多关照。

就算贬低他人，

也要保持优越感的大人

不知为何，我有些讨厌动物园。诸位可能会惊讶，绘本作家竟然讨厌动物园。但我真的很不喜欢动物园。要想剖析当今的文化，动物园就像是酸碱试纸般的存在。

动物园最初是为了让人看热闹而诞生的，完全是为了满足英国伦敦那些绅士淑女们的享乐。当时，伦敦的富人们听闻非洲有一些新奇有趣的动物，于是交易渠道慢慢建立起来。猎人们为了赚钱，冒着生命危险去捕猎。动物表演秀上，当主持人宣布“女士们、先生们，今晚最令人期待的狮子即将登场”时，立刻就会引起人群的骚动。随后，鸵鸟和鳄鱼也相继被运来。不久，这些新奇的动物就被聚集到了“园子”里供那些参观的人猎奇。随着这些动物的人气不断上升，越来越多的人被吸引过来。据说这就是动物园形成的过程，我觉得应该八九不离十。如果动物园的存在仅仅出于这样的原因，我也不会那么讨厌它。

如今的动物园已经异化，不再是传统意义上的动物园，因为现在已经不是兴奋地观赏新奇动物的猎奇时代。对于这种说法，肯定会有人跳出来说：“动物园的作用依然很大，有些学校甚至已经发展出‘动物园学’专业了。”我觉得这不过是狡辩而已。

一边吃着动物，一边把动物当作宠物，动物与人之间的这种关系存在已久，也就无所谓对错。对于肉店来说，肯定是肉的种类越丰富、品种越齐全，顾客就会越多。那么，一边有肉店在卖着兔肉，一边有动物园里却把兔子当宝贝一样养着，我们很难说谁对谁错。

可不知为什么，在面对孩子时，大人又有了唯一正确的说法，认为动物园很有价值。我对此很是厌烦。人们没有和动物商量，完全凭着自己的兴趣把动物们集合到了一起，花费了相当多的金钱。我们本应对动物感到抱歉，却还是由着自己的兴趣去动物园参观。理智地思考之后，我们会发现动物园的作用不过如此，它与“触摸自然”“感知生命的可贵”根本没有任何关系。

泰国曼谷有个蛇类研究所，科研人员为了获取血清，在研究所内饲养了可以用来取毒的眼镜王蛇。这些眼镜王蛇就在研究所里舒适地生活着，研究所还设置了方便游客参观的场所。动物园也不过是类似这样的地方而已。

将牛、猪自由散养的农场，也算是不错的动物园。这样的地方从一开始就有非常清晰的运作流程，并不会隐藏什么。但是有一天，我遇到一群来农场参观的幼儿园孩子，带队的老师不知为何有了“牛宝宝真可爱”的感慨。当时我一心祈祷着孩子们千万不要问“这里的牛会被如何处置”的问题。

绘本作家迪克·布鲁纳的小兔米菲系列绘本，曾是法国绘本销售排行榜的第一名，对此他很是感慨。因为在法国，兔子是被当作食材的。

我的两个女儿观看了俄罗斯马戏团的演出后，竟然都哭了起来，我本来是为了让她们高兴才带她们去的。看表演时她们的泪珠簌簌地往下掉，让我吓了一跳，越发觉得这两个小家伙的想法是对的。最后我也流着眼泪和她们一起回了家。

有孩子觉得马戏团给动物套上绳索，让它们去骑自行

做了坏事的小鸡会被做成鸡肉串哦！

车的做法令人讨厌，他们的想法和感觉非常正确。

平日里，人们卖着煮鱼干和烤鱼，一旁还摆着一个大鱼缸，让金鱼或鳉鱼在里面游着。孩子们置身于这样复杂的世界里，自然就会冒出“金鱼能吃吗”这样的想法。把鱼分为观赏鱼和食用鱼,还将鱼称为“与地球共生的生命”。这样分类的标准到底是什么？真是令人头疼的问题。

有个小男孩参观博物馆时看到了木乃伊，某天家里的饭桌上出现了鱼干，这孩子盯着看了好半天，感叹道:“这不就是鱼的木乃伊嘛。”他说的真是一点没错。而且这作为饭桌上的话题也是非常合适的。

去拔草时，大人一般会先告诉孩子世界上的草分为有用的草和无用的杂草，也会告诉大家哪种草不可以拔，哪种草可以拔。其实孩子很难明白其中的差别。我小时候就曾因为太勤快，把刚出芽的郁金香拔了，被老师狠狠训了一顿。记得当时还听到老师拿着刚被我拔出来的郁金香小声道“真可怜啊”。可别的草就不可怜了吗？不过那个时候，我才最可怜呢。

每个人都身处各种各样的矛盾中，人们似乎只能用“社

它的拉丁文学名是 Salvelinus Fontinalis（美洲红点鲑鱼），
撒上盐烤着吃很美味……

会正因为充满了矛盾才很有意思”之类的话来安慰自己。我真希望那种认为“动物园是能够更好地帮助孩子了解动物的愉快场所”的论调别再继续下去了，应该改成“充满矛盾的动物园”，将矛盾真实地呈现出来。大人们可以沿着孩子们已经感知到的一些问题一一修正。现今，如果一个人只是单纯地对动物感兴趣，完全可以依靠影像记录来满足愿望。若实在想看到活的动物，那就请去非洲、亚马孙雨林、科隆群岛、北极或者南极吧。对于这类人来说，这些地方想必也是非去不可的。

我对养狗的人是不太信任的，我认为他们宠爱狗的行为是不成熟的表现。因为无论狗的主人如何标榜爱狗这件事，狗依然处在类似徒弟或是喽啰的地位。当狗遵照主人的意志行事时，主人就会高兴。

反倒是把变色龙当宠物养的人值得信赖，因为变色龙不会给主人什么反应，所以大多数养变色龙的人都觉得“变色龙是被请到家里来的”，便拼命地抓苍蝇喂它，对它尽心尽力。而变色龙也是一副“我本来不想待在这里”的派头。于是，养与被养的双方都本着互相理解的态度，愉快地相处。

好——好——

好孩子！

真聪明！

真聪明！

养狗就不同了，狗总是表现出“我愿意待在这里”的姿态，假如再碰到一位不够聪明的主人，似乎立刻就能说出“我们之间是相互信赖的关系”之类的言辞。可主人却给狗拴着项圈。这样的人难道就不会自我厌恶吗？我可是经常见到陷入自我厌恶情绪里的狗呢。

喜欢狗的人，几乎都喜欢孩子。同样，热心教育的人也都喜欢孩子。这其中的关联，你能看明白吗？他们对孩子的这种喜欢，与喜欢狗是在同一个层次上的。如果孩子不听话、不顺从，不是他们所喜欢的孩子的类型，这类人就不会认同孩子。

常听说有的学校老师允许学生在教室里养小山羊，还让同学们按值日顺序一起照顾小山羊、写日志。当然还有养小兔子或小鸡什么的。

这虽然不是什么坏事，但我也高兴不起来，因为这种事发展到最后就是大家一起糊弄。我虽然有些顾虑，但事关山羊的真实感受，所以不得不说。平时总能听见“小山羊，多好啊”“小山羊，谢谢你”这类糊弄的话，这完全是大人在设下圈套，让孩子去“表演”。

はーい やぎさんですよーお
こんにちはあ

嗨，这是小山羊。

你好。

我不是特别喜欢孩子。但因为都是人类嘛，除了喜欢也别无他法。不过我非常喜欢动物。我甚至会这样想：万一自己不得已遇上事故死于非命，与其被愚蠢的人类发明的车撞死，还不如被熊吃掉，被蚂蚁爬满全身啃食一光，或被锦蛇绞杀而死。这样死去我至少会甘心一些。

人类中，我也有很多合得来的朋友。他们中有女性、男性、孩子和老人。我虽然不是特别喜欢老奶奶，但仔细想想，意气相投的朋友中还有不少是老奶奶呢。

在好莱坞电影的套路中，涉及到动物的电影结局一定是动物被打败。但是我在看电影《大白鲨》的时候，内心总是会不由自主地为大白鲨加油。偶尔见到老虎吃人的新闻报道，我内心也会有一丝欣喜，因为这让我感受到了大自然的存在。当我听说出现了来自宇宙的“侵略者”时，也会有这样的感觉。

为了和孩子讲“人类很好”“人类很棒”“人类很伟大”，大人们非要利用动物来衬托，难道就不能不利用动物吗？大人们的一些做法实在让人瞠目结舌。

比如，小学二年级的课本中竟然有这样的课文：人类使用语言传递想法，看到草丛中有洞，会用语言告诉朋友“这草丛里有个洞”，猴子却只会吱吱叫，所以最后猴子的朋友就掉进了洞里。

这样描述大概是为了凸显人类发明了语言很了不起，动物因为没有语言就沦为了傻瓜。

再比如，人们将不用餐具、直接用手抓东西吃的行为形容为“像狗吃食”，这是因为大家认为狗很邋遢；若是谁吃完饭就躺下，就会被说成“将变成牛”；甚至还有“你要是这样做，连动物都不如”的说法。大人们常常说这些话。

我曾看过一本绘本，主人公把内裤套在头上，把衬衫围在身上，把鞋子套在耳朵上。每次都会有一位小朋友站出来说：“不对不对，内裤是用来穿的，衬衫是用来穿的，鞋子也是用来穿的。”就这样反反复复，主人公好不容易才把一身的行头整理好。这本绘本的主人公是只小熊，而说“不对不对”的，是代表读者的人类孩子。在我心里，这本绘本里的主人公小熊甚至比马戏团里骑自行车的熊还要悲惨。看这样的绘本，真让我对人类心生厌恶。

我还看过一本绘本，画了一个不喜欢穿内裤的小宝宝光着小屁股就出门了，结果被森林里的动物们看到，引起了轩然大波。

小男孩到底有没有尾巴呢，动物们为此争论不休，最终的结局是小男孩穿上内裤平息了风波。仅仅就为了一件内裤，就能惊动所有动物，动物们真是太辛苦了。

这本绘本和刚才提到的关于小熊的绘本，都是属于教育类的畅销绘本。唉，今后我是否也该去画一些这类型的绘本呢。

虽然我不了解这类绘本背后有什么样的理论学说作支撑，但是针对幼儿的认知教育，大人的这些做法太过分了。

前段时间，我看了一个电视节目。节目组准备了扭成麻花形的糖和方糖各八块，分别摆成两列，两两相对，放在孩子们面前。

然后主持人问："广子小朋友，这两列糖哪边多啊？""一样多。"广子回答。

接着，主持人把方糖聚拢到一起，问："这次哪边多呢？""麻花形的糖。"

广子刚回答完紧接着就出现了这样的解说词："这就是具象认知的某一阶段，也就是孩子头脑容易发生混乱的阶

哎呀哎呀，小蛇，你怎么就不长手和脚呢？

段。”无聊的大人就是这么干的。

广子小朋友真是可怜，因为麻花形的糖的确占的面积更大，所以会给人一种数量更多的感觉。而且广子小朋友的回答里根本没有提到任何数字，节目组却随意把她的话转换成与数字有关的说法。

总之，他们完全是带着一种“看看，小孩子不够聪明吧”的态度来设计和把控节目的。“大猩猩虽能拿棒子敲打，却不会自己挠背”的说法也与此类似。大人真的都是“儿童教育专家”啊。

由欧洲传入日本的近代教育模式，其教育理念的核心是“让兽变人”。按照这样的理念，如果人停滞不前就将止步于兽类，而为了实现哪怕一小步的进步和超越都必须接受教育。

想要贯彻这一理念，将历史划分为不同阶段的做法就能派上用场，而且显得很有必要。

但是，从我个人来讲，因感受到人性与兽性的对立而去努力奋斗的欲望并不明显，所以即使说我还处在“兽的状态”也是可以的。在日本的文化中，力求摆脱兽的观念

快发展到第三阶段了。

还是比较淡漠的。

比起将食物直接放在某个地方，还是放到碗里吃更方便，日本绳文时代的人应该也会有这样的想法。远在绳文时代，人们就已经开始养狗了。但当时的人并不是因为狗不会用盘子吃东西，为了刻意凸显自己与狗的不同才发明盘子的。

在古代，人们的想法没那么复杂。他们只是在吃饭的过程中，渐渐发觉将食物放在容器里吃更方便，因为汤汁比较多的食物不放到容器里就会流得到处都是，很难吃进嘴里。于是人们就发明了容器，而非受“与动物相对立”这一观念的影响。

很多人都认为原始人的头脑很笨。在不少喜剧类电影中，原始人一出场就“嗷呜嗷呜”地叫唤。但以我的推测，原始人之间的交流比我们现代人之间更多。虽然原始人与现代人在语言的使用水平上有很大的区别，但是我无法认同那种认为原始人不如现代人善于使用语言的说法。对于原始人来说，语言本身发挥着更重要的作用。反倒是现在，语言的影响力已经下降了。

不仅是语言这一方面，现代人在所有的事情上对原始人的评价都过低，大概是想借此来证明自己发展得不错吧。现代人连自己的祖先都歧视，真是无可救药。

喜欢海豚的人其实都不如海豚。海豚在一定程度上也具有与人交际的能力和素质。

若能认真思考动物园的问题，将是意义深远的事。说得极端一些，这与战争责任问题、殖民地问题在本质上是相通的。当我们认清并修正了人与动物的历史问题，很多问题自然也就解决了，我一直都抱有这样的期待。

总是坐立不安，

在意世俗眼光的大人

多年前的日本，有个性的人有很多。正如女演员北林谷荣女士所描述的那样："那时候你能看到整日在家喝酒的妈妈、脑子怪怪的大叔，孩子们也各有特点。那时候的人比现在的人有趣。"但是如今的社会，大家都以同一种模式努力地生活着，整个社会似乎成了"平均地狱"：谁家黄金周不全家外出旅行就很奇怪，每年必须要出国旅游一趟，没有大学毕业就不正常……类似这样的奇谈怪论非常流行。如果你问这些都是谁说的，却始终得不到答案。明明没有必要，社会上却始终还在不断发布着国民平均储蓄额、年平均收入等一系列的数字，结果就有了所谓的不同寻常的、比较特别的人。

比如，女性的平均结婚年龄是二十多岁，按照这个平均线，过了三十岁还没结婚的女人就会被看成是怪人。大家一般认为，男人白天应该出去工作，所以那些白天总是躲在家里“游手好闲”的男人就被看成是不求上进的男人。不去上学的孩子也会被看成这一类怪人。大家为了避免被贴上这类标签，都在拼命地努力。

实际上每个人的情况都不同，如此忽视这一点的社会真是少见。另一方面，还有许多人常常将个人的事情上升到社会事务的层面上，我们这个社会真奇怪啊。

我家附近有一户人家，在节日里必定会在家门口悬挂日本国旗。有一天，一位朋友来我家玩，看到了那家门口悬挂的日本国旗，说道:“这都什么年代了呀。”我对于国旗、国歌这些没有什么特别的想法，对节假日也没什么概念，对日本的太阳旗更是不感兴趣，但是我依然认为悬挂国旗是属于个人的事情，他人不应该指手画脚。我这些想法脱口而出，惹得那位政治见解属于左派的朋友跟我争论了起来，浪费了三十分钟的时间。

学校校长坚持让学生们升国旗、唱国歌，或许是为了遵守日本文部科学省的规定，或许是校长本人的爱好。喜欢让别人唱歌、跳舞或做饭的人，也不能算坏人。况且也没有规定说大家必须和这样的人交往。如果你实在讨厌某个人，不和他产生交集就是了。

但是，大人们常常为了国旗、学校等问题争论不休。例如，有些人认为学校应该要求学生升国旗、唱国歌，另一些人则认为这是违宪的。这两个阵营的人其实半斤八两，都完全无视孩子的存在，只是想以自己的方式控制社会罢了。

无论是日本将棋还是国际象棋，国王棋子和桂马棋子的走向是固定的。在日本历史上，长期以来都很认同这样的观念：桂马就要从桂马的立场出发。也就是说，要做与自己身份相符的事情。在家庭中，就是丈夫在外打拼，妻子在内持家，孩子为了将来努力学习。同样，在棒球比赛中，第一棒就是第一棒，第二棒就是第二棒，后面有捕球能力强的球员担任捕手，大家各司其职，这种棒球观在日本根深蒂固。

将棋和棒球的排兵布阵背后，都存在着一个俯视全局的指挥者。就人生而言，这个指挥者就是“社会”。“社会”总是在俯视我们，而我们的人生就是要好好完成各自的任务，不被“社会”说三道四。

我没有什么特别的意思，
但若被误解就难办了。

奔驰汽车在日本如此畅销，对此德国奔驰公司的管理者都无法理解，咨询了日本的奔驰汽车代理商后，得到了这样的回答："这很简单，和我家隔着三栋楼的邻居买了奔驰汽车，所以我家也要买。"也就是说，拥有奔驰汽车是一种身份地位的象征。此时是比"社会"层面还低一级的"面子"发挥了作用。

社会、面子之下还存在着从众心理。若是举办婚礼，很少有人会去租能容纳几万人的著名的武道馆，大家都希望和别人一样，租个"某某殿""某某园"或"某某纪念馆"来办喜事，最好再比别人家租的好一点点，这就是大多数人的心理。大家都希望比平均水平再稍微雅致、个性一些，于是，夏威夷的教堂就经常就被有这样想法的人预约得满满的。日本就是这样一个不可思议的国家，生活在其中的大人和孩子整天被这些莫名其妙的观念折磨着。

人们经常会用"对不起社会""被社会嘲笑"这样的说法来进行自我管理，但我一直搞不懂这种想法从何而来。父母常对孩子说"如果这样做，在社会上是得不到认可的""别做让社会嘲笑的事情"，这类管理孩子的想法又是从哪里传过来的呢？

对不起社会啊……

以上这些，似乎更像是侠客电影里的台词，为非作歹的恶人幡然醒悟、意识到自己的行为不被社会所容时脱口而出的台词，很符合剧情。可是孩子绝不是黑道中人，也不是恶棍，孩子们从一开始就没有站在与社会对立的立场上。

大人们认为，孩子若想进入大人的世界就要“拜码头”，所有的孩子都被看成小混混，家庭、学校都成了类似的暴力黑帮团体。在家庭中，父母相当于黑帮大哥，孩子是小喽啰；在学校中，校长相当于社团的头目，老师们成了团体中的小领导。学生一旦被驱逐，就将成为无家可归的流浪者。

在以日本文部科学省为中心的大组织中，学校是作为其中一个组织存在的。从这个角度来看，校长为什么一定要升国旗就相当容易理解了。

我被邀请参加某个大学的社团活动时曾对大家说：“被别人嘲笑过的人请举手。”那些年轻人都说不记得了，父母倒是经常叮嘱他们“不要被大家笑话”。

我偶尔会遇到一些年轻人，他们为了让父母安心、为了看到父母的笑脸而选择结婚，对此我无法理解。“那你自己是怎么想的？你了解对方吗？”面对我这样的追问，很多人都回答说不太了解对方，也有人说对方人不错。这时“问题”的因已经种下了。真不知道他们在想些什么。相比较而言，那些同样期待看到父母的笑脸最后却成为不良少年的人，虽然愚蠢，麻烦却少了很多，而且面临的问题也相对单纯。

日本社会很流行红包、奖金制度，所以“被上司批评了”“被社长表扬了”这些话，总是被大人们挂在嘴边。

我每次举办演讲会，后半段都会设置问答环节，但经常冷场，气氛不怎么热烈。因为人们在大庭广众之下问问题会很害羞，而当一对一地站在大厅聊天，或是在绘本签售这种相对小范围的场合，大家都有很多话可说，而且聊的话题都相当有意思。这些问题为什么刚才不在大家面前提出来呢？我常常为此感到遗憾。

在日常生活中，大家聊天的时候，经常一开口就说：“这是我个人的私事，实在不敢当”“我讲得太肤浅了”……

能和大家一样幸福就好。

所以如今的社会充斥着所谓的“个人私事”和“肤浅”。日本的小说、散文等文学作品就常常以“这是我个人的私事，实在不敢当……”开始，也经常能看到以肤浅的例子进行总结的评论。

总有家长问：“我的孩子……这样下去行吗？”往往就是孩子总躲在家里玩，完全不学习，也不出门，对异性过于着迷或完全没有兴趣，等等。问题不在于孩子现在的状况，而在于“这样下去行吗”。这个“行吗”到底是指什么、对于哪一点、什么状况下的行与不行？这样没头没脑的提问实在很难让人明白。

“我家孩子总是脱袜子，这样下去行吗？”“我女儿总是照镜子，这样下去行吗？”“我家孩子和他爸根本不交流，这样下去行吗？”“孩子他奶奶一天到晚只顾念经，这样下去行吗？”“我儿子只爱看五味太郎的绘本，这样下去行吗？”“我一有烦恼就想四处放火，这样下去行吗？”我能明确回答“不行”的，只有最后一个问题。

这是在征求许可，许可对他们来说很重要。换言之，在这些人的头脑中，“不能做”是默认选项，即不允许做的事很多，允许做的很少。这一思维模式就导致他们总在担

我就是这样的人，这样下去行吗？

“不行。”

心正在做的事情是否“可以”。

只要得到了许可，这些人就会安心，就会更加理直气壮。比如休息日和各种节日都是法定假日，于是人们就可以光明正大地休息，除此之外的时候，即便是身体不舒服，也不敢安心休息。但如果医生给了病假条，就又可以放心地休息了。更有甚者，为了可以安心地请假休息，就拖长生病的时间。

目前，肝硬化通过现代医学还无法完全治愈，属于疑难病症，患者因此能领到特殊的医疗津贴。由于肝硬化的病人肝功能低下，必须要吃营养价值高的食物才有助于控制病情，有位患了肝硬化的阿姨就一直领着医疗津贴，享受着各种美食，过着相当安稳富裕的生活。

在日本，女性婚后随夫姓是约定俗成的，很多女性想要保留自己的姓氏，却往往因无法得到丈夫的许可而放弃。但这种事明明是可以由当事人自己决定的。

我遇到过很多女性，都是在得到丈夫的许可后才外出工作的，她们的丈夫简直就是劳动监督局。

听说到目前为止，还有很多托儿所或保育机构没有获

先考虑考虑我的立场和感受，再出去工作吧。

得许可执照。从法律上讲，这些托儿所或保育机构是在违法经营。而实际上，这些机构大多是本着良心在运营，并且满足了社会的需求。但这些机构的处境相当艰难，因为没有营业执照许可，很多时候无法申领相关的补助津贴或资助。

得到了营业执照许可，幼教机构就可以从日本政府机构领取补助津贴和资助。但要想取得营业执照许可，需要通过一系列的评估。评估标准涉及保育员的人数，桌椅、黑板和衣柜等设备，玩具、教具的配置，自来水龙头的数量，甚至连厕所坐便器的数量也都有详细的规定。据说这都是厚生省[①]规定的。而这也就造成了幼教机构的大同小异。

越是缺乏创造力和特点的幼教机构，反而越会高喊“重视孩子的创造力和个性”这类口号。对于这一点，我在阅读了介绍幼教机构的杂志后，有了切实的体会。

因为大家都迫切地想要得到相关机构的认可，所以内心都渴望成为“颁发执照”的一方。只要有机会站到这样

①日本以促进社会福利和社会保险、公共卫生事业的发展和提高为任务的国家行政机关。

的位置上，人们就会把手中的权力用到极致，并很享受这个过程。因此我们经常可以见到那些对着一家小饭馆严格检查的工商执法人员或卫生防疫人员，还有花费很多时间检查改造车辆的交通管理人员。

普通人经常会遇到因提交的材料不完整就要重新办理事务的情况。对此大家可能没什么感觉，也不会生气，我却不这样认为，导致我办理手续时总是出现许多波折。

我父亲去世时，是在家人的守护中安详离开的。可遗憾的是，当时没有具备确认死亡资格的人士在场，因此在法律上，我父亲的死亡被认定为“非正常死亡”。父亲虽然生前有些与众不同，去世的时候却走得很平和。无论是否有证明人在场，他本人的生命已经安稳地结束了。但相关部门居然以此为由，不准予火化埋葬的手续，导致父亲的遗体一度无处安放。最终，不得不让有关人士进行了尸检，父亲才得以安葬。所以,想要结束自己生命的人一定要记住，在这个世界上，死也是需要许可的。

本应引导，

却喜欢教导的大人

“躾[1]”这个字的意思是“让人社会化”。在日文中，是用“身+美”的造字结构来表示“教养”的，其中包含着小笠原流煎茶道所希冀的那种美好愿景。但这个字右半部的“美”只是个幌子，应该把这个字变成“身+世”的组合才更恰当，也更符合社会现状。

婴儿不用教就会吸吮妈妈的乳汁，长大后自然而然就会用杯子喝水。人们长大后也不会将大小便弄到裤子里，如果发生类似情况，应该是有比较特殊的原因。所有这一切都是自然的变化，周围的成年人只要在旁边稍加指点和帮助就可以了。所谓的“教养”，本来就是可有可无的。

认字也是不知不觉就习得的。最初孩子可能还会写得左右颠倒，慢慢就会越写越好。如果遇到不认识的汉字，

---

①日本自创的汉字，意思为“教养”“教育”。

就会产生“想认识这个字”的意愿，不过这要等到孩子有了分辨“这个汉字我不认识”的能力以后才有可能。这种能力不是靠大人教会的。

在孩子本人没有学习意愿的时候，让孩子通过学习来提升能力的方法是绝对行不通的。因为孩子并不觉得不会这些有什么不方便之处，比如婴儿，肯定不想咀嚼很硬的食物，小学一年级的学生也不会因为想学微积分而心痒难耐。如果说“还没准备好”“没有心思学”是过错的话，那么没长牙也应该被看成是婴儿的过错。

我们应当放手让孩子自己成长。孩子的成长也是分阶段的，这是人类的生物特性使然。不相信这一观点的家长，可以从现在起不再与孩子交流，把精力转移到养狗或训练海狗上去。即便如此，孩子自己也会逐渐成长，如果没有看到成果，再把孩子交给相关的教育机构也不迟。

现在流行的所谓早期教育总给我拔苗助长的印象。

近期的研究结果显示，除了大脑发育异常引发的先天自闭症，还有“大人导致”的后天自闭症。听说有自闭症倾向的孩子智商都比较高。智商高，就是对各种事物理解得很快，因此个人的兴趣爱好很明确，喜欢不喜欢也很分明。不只婴儿能够表现出喜欢或不喜欢，人在胎儿时期就能够表现出这种倾向了。胎儿也有兴趣爱好，当不良的刺激或震动透过母体传给胎儿时，比如父母吵架等，胎儿就会“咻”地缩紧身体。这听上去多少让人心里有些难受。

“莫扎特的音乐适合胎教”，有些不负责任的育儿杂志总这么写，一些妈妈读了之后，囫囵吞枣地接受了这个观点，就整天播放莫扎特的音乐 CD。如果胎儿正好喜欢莫扎特的音乐，也就罢了。但有些时候，母子的兴趣可能有所不同。做母亲的也不一定真正喜欢莫扎特的音乐，自己听到后都可能感到不舒服。但胎儿如果不喜欢，除了扭动身体以外别无他法。而母亲不明白胎儿的意思，竟然还调大音量，误以为是莫扎特的音乐声不够大孩子才扭动的。

孩子感受到自己不喜欢的东西就会哭闹，但对胎儿来说，他无法传递这种信号。大家猜他会怎么办？他只能关闭耳朵。不过在母亲体内的胎儿，肯定无法用手去捂耳朵。据说这样一来可怕的事情就发生了——胎儿只能选择关闭耳中的听觉神经，或者说是阻断鼓膜的震动。目前的研究成果对这一过程还不能解释得很清楚，但可以肯定的

怎么偏偏就是我家孩子……

是，胎儿关闭了某种感觉机能。对于胎儿来说，的确也只能用这样的方法了。而一旦成为习惯，对于任何外来的刺激，胎儿都可能这样做。极端的情况下，他们还可能会拒绝营养的输入。而且，胎儿不仅会被动关闭自己的感觉机能，还会主动选择不与外界发生交流。于是，就会出现不交流、不吸取营养的状况。据说这些反应会逐渐演变成为一个人生命的某种特质，最终导致的结果就是，虽然脑部机能没有问题，却因后天的自闭倾向成了自闭儿。据调查，对于这类孩子，首先要将他与父母分开，才有可能逐渐好转，因为这毫无疑问属于父母制造出的疾病。

学习，是从提问开始的。知道了这个道理的父母又开始让孩子有“问题意识”，真是多此一举。

比如，把孩子带到森林里，就让他们观察独角仙；到了海边，就让孩子观察海浪；还让他们思考天空为什么是蓝色的、彩虹是怎么形成的，等等。但这些问题，根本不是大家在出去玩时应该思考的问题，更不应该由大人提出来。

大人经常说：“学习的过程中，要先有问题意识，然后通过学习找到答案，这就是追求真理的过程。”但是大人自己则总是消极懈怠，只会在嘴上一直重复这句话。对于那些本该认真思考的问题，却敷衍搪塞。他们逐渐丧失了思考能力，所以现在的社会氛围才会如此消沉。发生地震后，受灾区明明需要紧急救援，人们却要先召开“关于紧急救援的专家会”，按部就班地走“提问、学习、解答”的流程。

我认为早期的学习不仅没用，反而有害。人有权利思考“这是什么”，但这并不是义务。人有吃惊的权利、有心里“咯噔”一下的权利和觉得有趣的权利。在孩子还没有相应的求知意识时，请大人不要教给他们什么雄蕊雌蕊、地球是圆的等等知识。希望大人不要轻易搞“怎么样，很有意思吧”“瞧，吃了一惊吧”之类的把戏。我希望法律能够规定所有国民都平等地享有“在不想被教的时候能不被教”的权利。若真能有这样的法律条款就好了。

“鲸不是鱼，是哺乳动物。”这种简单的教法会给孩子造成困扰。如果实在想教的话，应该更加详细地解释给孩子：“鲸在动物分类中被划分为哺乳动物。”否则，当弟弟说“鲸是巨大的鱼”时，有点傲气的哥哥就会纠正说：“你这个傻瓜，鲸不是鱼。”兄弟二人便会为此发生争吵。哥哥跑到妈妈跟前说：“妈妈，弟弟说鲸是鱼。”弟弟也会向妈妈求援：“鲸就是鱼，对吧，妈妈？”妈妈在被追问后，只好一边摸着弟弟的头，一边对哥哥说：“将来你们就会明白的……”这样一来，弟弟就更糊涂了。

我认为老师在上算术课之前，有必要先问问学生：“请问大家都知道算术的加法吗？”如果孩子回答“不太知道”，老师就应该礼貌地回应并征求意见：“那我先简单介绍一下，加法是这样的……那么可以继续往下讲了吗？”如果老师直接就教“3+8=11”，孩子应该很难接受吧。生物课上，老师会讲到“人的肚子里有大肠和小肠……”加法和大肠小肠的知识，孩子如果不知道也不会影响他的生活。如今这类知识却被当作必须知道的东西强加给他们，孩子会很难受的。想要知道时再去了解，面对自己不懂的问题，孩子自然就会努力学习。正是因为这样，历史上才出现了杉田玄白[①]自学并翻译《解体新书》的事。但是在如今这种“各科知识都要让孩子学一点”的教育体制之下，很难培养出像杉田玄白这样的人。

---

① 1774 年，日本著名医者杉田玄白翻译了荷兰人 J．Kulmus 所著的《解体新书》。这是日本第一部译自外文的人体解剖学书籍。

哎呀哎呀，真是不可思议。

这是怎么一回事呢？

面对各种作文题目，孩子本来没什么好写的，却被迫写下作文或感想。这是一件很刁难人的事。无论是去郊游还是参加文艺汇演，能主动将心中感受撰写成文的孩子都不一般。比如下雨时从怀里掏出小本子写下心中诗句的人都是非常有个性的人。但要求大家都这样做,就会让人厌烦。

运动会或郊游活动结束时，有的孩子会将感受变成文字，有的则通过画画来表达，这就是个性。但也有那种玩得很高兴，却转瞬就将这种高兴抛之脑后，嚷嚷着“咱们接着玩点别的”的孩子，而且这类孩子还相当多。可是，他们最后也不得不写感想作文。于是,孩子们只好勉强自己，写出一些乏善可陈的句子:“昨天的运动会我得了第三名，明年我一定要更努力”“坐缆车上山很有意思”……而对连这都写不出来的孩子，老师还会在旁边启发:“总有点什么想写的吧？是什么呢？再想一想。”孩子被这种“不得不写”的做法折磨了几次之后，自然就会觉得写文章是件很烦人的事。若再被要求写某本书的读后感，那么读书、写作都要成为孩子讨厌的事情了。真是太可惜了!

大人都喜欢被感动，尤其是在过往的人生里很少体会到感动的人更喜欢被感动，而且这类人还很喜欢让孩子体

要把那些好的事情、

心中浮现的事情真实地写出来。

会感动。但大人眼中的这些“感动”都比较模式化，比如经过努力拼搏克服困难、获得成功之类，“情意深厚”“坚持正义”等也位列其中。孩子们写作文，与其说是在写“如何拼命地努力”，不如说是在“拼命努力地写”。

如果想更仔细地感悟人生百态，这种模式化的感动显而易见是行不通的。真正的感动，出现的时间、地点，以及形式，都是无法预料的。感动也没有好坏之分，能够打动人心的就是感动。感动绝对不是“大家一起感动吧”之类的集体感受，而是很私人的体验。

现实生活中，到处都充斥着这种刻意让人感动的讨厌想法，大家似乎也都乐于做“大家一起感动吧”这样的事情。连高中棒球联赛、奥林匹克运动会上也都充斥着这种感觉。感动沦为了廉价的商品。无论书籍、戏剧还是电影，都喜欢用“感动之光照耀你我”“带给你一份感动”之类的宣传语。这些做法都是在贱卖感动。从一开始，大人就给孩子创造了动不动就期待模式化感动出现的文化。

《一碗阳春面》正是这样一个闪耀着“感动之光”的故事。听说这篇文章讲述的是真实发生过的事情，母子三人一起进了一家面馆，因为没有钱，三人只要了一碗面，店主发

想把感动传递给孩子们！

现后，就做了一碗大份的面给他们。这是一个很有人情味的故事，但不知道故事主题聚焦的是母子之爱、兄弟之爱还是店主的体贴。在相互依靠的爱这个语境下，母子三人只点一碗面却占了三个座位这样的问题也就不能去讨论了。只要有了“感动”，自然就不必在意那些细节了。要我说，非要三人分吃一碗面的话，正确的做法是一个人先进来吃掉三分之一，然后换第二个人进来再吃掉三分之一，最后的三分之一留给第三个人。默许他们这样进进出出的打扰，才真正体现了店主的气量，而不是改变面的份量。但怎么能把碗里的面汤分成三等份，确实是个问题。

大人们面对孩子时，不知道为什么总是一副毕业生、前辈的架势，甚至还有人自认为是评论家。而且总有些人喜欢去讲“性教育”，结果造成了一个很奇妙的现象：孩子们完全不明白为什么要学习这些，而讲解的人一副评论家的样子，嘴里说着“双方互相认可对方的人格，相互疼爱”之类缺乏真实感的蠢话。万一被学生问到实际情况到底是怎样的，老师就会陷入尴尬的境地：“那个问题先放一边，一般来说……”这种时候，拿“互相认可对方的人格，相互疼爱”这种说辞就显得牵强附会了。对于从一开始就被大人无视的孩子来说，这样的说法他们自然不会相信。

一般性的、评论性的性教育因为缺乏真实感，孩子们自然不感兴趣。大人们不得不进入下一个阶段，直接触碰性教育的核心。于是，性教育就变成了性行为的教育。在这方面，大人在真实性上还是有一定心理准备和觉悟的。但是到了最关键的环节，大人往往用充满童话色彩的、滑稽的插图或是拿出毛绒玩具走个过场，而绝不敢用最具真实感的照片呈现。因为适合性教育的图片与黄色图片的区别在哪里，大人自己都分不清。大人们能狠下心来表现真实性的物品，最多是避孕套罢了。

性教育这种事情，如果能让孩子连续地、具体地思考，是很容易理解的。两个人忽然间四目相对，一瞬间不由得心头一动，脑海中闪出“不妙”或“这回能成”的念头。接着，两人走到光线昏暗的地方，不由自主地握住对方的手。之后走进咖啡馆开始聊天，分别的时候，脱口而出“我喜欢你”。这个过程，怎么想都不适合对孩子讲。在恋爱中，怎样将爱慕，抑或是连自己都不明白的情感传递给对方呢？就是继续约会，感觉时机成熟了，就利落地出手。这怎么能被“教育”呢？

难道媒人介绍的相亲才是正确的恋爱方式吗？那怎么解释性行为呢？“我是被迫的”“我被吸引了”“结婚之后才可以”，人们因为这些愚蠢的理由吃了很多苦头，这样一路走来的大人有什么资格对孩子进行性教育呢？

这种让懂的人去教不懂的人的教育模式，从根本上就是错误的。比如学文学的人说“我已经把文学的事情弄明白了”，学绘画的人说“我懂画画”，这样说的人已经没什么希望了。

正确可行的教育方式是孩子在有学习意愿之后，主动去向懂得的大人请教。如果这样做，性教育就应该不会有太大问题。

比如，男孩见了喜欢的女孩会心头一动，女孩看到自己喜欢的人从身边走过，心跳会如小鹿在胸口乱撞。这种感觉到底是怎么回事呢？心里无时无刻不挂念着他（她）的感觉好奇怪，于是孩子终于忍不住来问大人。这时大人只要回答“这种感觉我也有过，很正常”，孩子就会向前成长一步。孩子能够了解到那种苦涩、不明所以的懵懂状态是大家都会有的，这对他来说相当可贵。

这次我下决心一定要做！

孩子感知到内心那种朦胧的感觉和身体上的奇怪变化时，就会想要弄明白。当心中的学习意愿被激发，教育才能得以成立。

这个时候，孩子最需要的不是已经明白的人，而是和自己一样想要明白的人。这从一开始就是孩子自己的人生问题，孩子需要的是哪怕跨越不同时代却拥有相同问题的人，他们处在同一过程，做音乐，画画，热爱着文艺，同在人生之路中前行，他们是孩子的成长教材。我认为教材没有必要都是正面教材。

我在描述孩子的时候，喜欢用“新手”“新兵”等说法。看着他们，我觉得很有趣，这些孩子未来会做什么呢？心中除了充满期待，还会有一种“不知道他们什么时候会变化”的紧张感。不过现在很少有人这样看待、理解和养育孩子了。

“新手”不断出现，老一辈的人逐渐故去，我们应该让这种生老病死的自然过程顺利进行，最重要的是不去阻碍和破坏。我们需要做的仅此而已。

再怎么说也是

缺少学习精神的大人

对于数字、量和顺序等概念的理解方式，会因每个人的认知不同而有差异。有的孩子很善于把握量的概念，而有的孩子特别喜欢几何。学习乘法时，以围棋的棋盘为例演示纵列乘以横列的面积算法，有的孩子一点就透，而有的孩子在围棋盘摆出来的那一刻就已经懵了。有的孩子觉得比起“2×4”，“2+2+2+2”更容易理解，这些都是个人的习惯。

在“整体”的世界里，“个体”的一些特征会得到重视，这个特征就是个性。对待学习方法，也应该加入这样的视角。

有的孩子认为先学除法比先学乘法更容易，这类孩子每次都能很好地完成将蛋糕分成十二等份或八等份的任务，是精于计算的孩子。而对善于加法的孩子，让他分纸杯蛋糕就容易得多。

记得美国有一本关于数学概念的绘本，父母让孩子为大家分纸杯蛋糕，但是蛋糕数比人数少一个，这下该怎么办呢？小主人公站出来说：“我对纸杯蛋糕过敏，所以我不吃。”这样其他人就能每人一个了。

本来是要考验孩子算数的能力，却突然冒出了过敏的话题，真是有意思。但愿这本书能对算术过敏的人有帮助。

有的人对麻将牌的计算极其灵敏，其快速反应的程度简直让人不得不佩服他的大脑，可在其他事情上的反应，他们却慢得不行。后来我终于明白了这些人为什么玩麻将时反应超快，是因为麻将和钱有关。

我能理解为何要各科独立教学，这是进行专业化和提高教育精确度的一种教育设计，但是我至今看不出这样的教育设计对孩子产生了怎样的效果。今天的算术题依然是：“真男吃了 7 个橘子，明子吃了 5 个橘子。两人一共吃了几个橘子？”这是算术中测验加法的应用题。像真男、明子这样的名字已经非常土了，不过这个问题先放一边，最主要的是不能让孩子一口气吃 7 个橘子吧。一看到这个题目我就很不舒服，但我们的教育却因为这是算术问题，就让人不要把注意力分散到算术以外的地方去。各学科独立教育，竟然连孩子的判断能力也强制分开培养。

哥哥和弟弟两个人分别去车站。哥哥徒步从家里出发几分钟之后，弟弟骑自行车从家里出发。他们的家离车站有 10 公里，哥哥走路的速度是 X 公里每小时，弟弟骑车的速度是 Y 公里每小时。请问弟弟在车站前的多少公里处能追上哥哥？这是数学中经典的追及问题。有的人看完这道题后很生气："为什么哥哥要先出家门？为什么哥哥不等一等弟弟呢？"还有人很纳闷："两个人分别去车站干什么？"这样问的人一般数学都比较差，人却很好。不过如果真有必要，他们应该也能算出这道题。

有不少孩子，做数字的加法时总是不开窍，对词语的加法却很在行，比如"白 + 熊 = 白熊""昨天 + 前天 = 大前天"。那么"昨天 + 明天"呢？正负相抵等于"今天"。读到高年级的学生就能说出"昨日 + 今日 + 明日 = 意大利电影"[①]了。至于说出"男人 + 女人 = 婴儿"的捣蛋鬼，早早让他毕业吧。

可是，数学老师会认为这种"词语的加法"属于语文的范畴而不是算术。数学老师这种"地盘意识"使得孩子

①指意大利著名导演维托里奥·德·西卡执导的电影《昨日、今日、明日》（*Ieri, oggi, domani*）。

那些细枝末节的小事无所谓啊，
还不是为了让孩子学习嘛。

们头脑中的知识内容就像夜市小摊的布局，很难开阔起来。

有个男孩喜欢恐龙、机动战士高达，他在学日文平假名之前就先记住了日文片假名。因为剑龙、翼龙、光束等词在日语里都以片假名书写，而且片假名都是直线条，很容易书写。

总之，先学平假名、再学片假名、之后学汉字的顺序[①]，并没有多大意义。如果孩子喜欢恐龙，在头脑中有了这个焦点之后，他就会主动行动，与恐龙相关的字、词等知识也就一起被调动起来。但愚蠢的父母这时往往会大惊小怪："这个孩子不会一辈子只认识片假名吧！""我家孩子才三岁就会认字莫不是天才吧？"

日本现行的教材中，有按年级划分的汉字认字表，即把汉字划分为一年级需要掌握的、二年级需要掌握的等，很不可思议。这些原本是日本文部科学省针对初等教育规定的大致目标，绝对不是什么强制要求达到的标准，却被一线的老师照单全收，于是就出现了很多用平假名代替个

①现代日文主要由起源于中国形意文字的汉字、表音文字平假名和片假名构成。现代日文的书写系统主要以平假名和汉字混写为主，片假名则多用来表示外来语和专业名词。

那暂且就是现在的大致目标。

别汉字的奇怪写法，比如“远足”被写成了“えん足”，“海水浴”被写成了“かい水よく”。因为“远”“海”“浴”这些汉字学生都还没学，所以没法用，也不可以用。名字叫山田的学生，这两个汉字都比较简单，很早就学到的小朋友能早早地直接把名字写出来，而名字叫“远山”的小朋友就暂时要把名字写成“えん山”，叫“远藤”的小朋友则要在相当长的一段时间里把名字写成“えんどう”。

我有个朋友名叫“诸隈素卫”，小学四年级时从九州转学到东京，才十岁却特别厉害，上知天文下知地理，文武兼备，绘画特别棒，歌唱得也好。另外，他为人也很好，亲切友善。除了欠缺点孩子气，这位朋友算是完美了，尤其是他对汉字的掌握。有一次听他说：“山下丈夫同学名字中的‘丈夫’有两种读音。”我当时的那种震撼和触动至今难以忘怀，所以我很尊敬他。我想，他求知欲的原点，一定与他超厉害的汉字姓名和出身有关，那是他学习的起点。听说后来诸隈同学的人生相当成功。从这一点上看，五味太郎这个名字，的确有些不太好。

只要是给孩子看的书，就不用汉字，只用平假名。比如一套科学知识类的绘本内容写成了这样：“うちゅうこう

汉字可是大人的文字呢！

せんはちきゅうのちひょうめんにもふりそそぎます。”正常行文应该是这样的：“宇宙光線は地球の地表面にも降り注ぎます。”意思是“宇宙光线也能到达地球表面”。但大人们认为汉字对孩子有些难，所以就全部换成了平假名。

给孩子阅读的书中有很多类似的情况。比如有一本书中，有“拜访公爵的府邸，管家出来迎接”“勇敢的年轻人把魔女的诅咒……”等等句子，也全写成了平假名。这类表述比比皆是。将孩子局限在平假名的世界，这是对他们文字水平的歧视。

“宇宙光线”“地球表面”“公爵”“管家”“勇敢”，都会涉及概念的问题。比如，“管家”不是服务员，不是秘书，不是门卫，也不是男仆。这不是简单用平假名就可以代替的，对于下决心好好读书的孩子来说，这种做法非常失礼。

如果坚持要把孩子们读的书全用平假名表述的话，就要绞尽脑汁地琢磨出真正适合平假名表述的语言。应用平假名最流行的是日本平安王朝时期，各位恐怕有必要回溯到平安时代，去推敲那种语言表述的感觉。

适合用汉字表述的就要用汉字。可以用假名给汉字标注出读音，孩子们如果还是看不懂，自然就会去询问是什么意思。有的孩子不会立刻提问，而是会先自己思考一会儿。有些聪明的孩子，会自己琢磨这个音到底是哪个字。孩子有这种问题意识很好，拥有这种混乱的感觉，才是阅读。

问题在于大人对孩子提问时的反应。当孩子天真地问“のろい”是什么意思时，来看看大人会怎样回答呢？“那个，嗯，就是诅咒啊，差不多就是这个意思。”虽然这个回答有点含糊不清，但作为普通人，能回答到这个程度已经相当不容易了。如果有大人能立刻回答出这个词指“向神佛祈祷降灾祸给自己怨恨的人”，那他在大人中间也非常特别，虽然会被佩服，却不太容易被接纳。

就读书而言，有的人会一边摘抄重要的语句一边往下读；有的人则是阅读完整本书后，将感想留在心中；也有先有感想，然后通过阅读去证明自己想法的人；还有人不依靠读书来思考；甚至有人读了书也不思考；有的人是以否定为前提去读书的；也有人把书架摆满却不去读……

仅读书这件事，就有多种多样的方式和类型。当我们讨论涉及领域更广阔的“学习方法”时，应该看到无限多的方式和类型才对。

N 先生长年担任日语学校校长。他曾告诉我，针对来自不同地区的人，使用单一的日语教学方法是不可能成功的。

日语学校是供来自世界各地的学生学习日语的地方。欧美的学生喜欢学会之后马上就能应用的学习方式，否则他们就感觉不到是在学习。有些地区的学生则喜欢反复朗读，只有这样才有学习的感觉，实际上习惯这种学习方法的人有很多。另外还有学生习惯边抄写边学习的方式，这是受自己所在地区文化的影响。例如中国、韩国和日本的学生，都比较喜欢这种方式。

N 先生说，这些学习方式没有好坏之分，但都受到了所在地区的文化的影响。

学校的教室里面通常有桌椅、黑板，老师站在黑板前对学生授课。但这是否真的是适合学习的场所呢？

按我的推测，适应这种方式的学生十个人里大概也就只有一个，其他九个人估计都不太适应，但又没有其他方式可选，于是这九人只好勉强接受。

记得小时候，我们班里有一位很漂亮的女生，每次上课前都会将课本、笔记本和文具整整齐齐地摆放好，坐在黒板あっての教師だ…

有了黑板，老师才能……

那里安静地等着老师到来。这个女生被选为年级的副大队长。她就非常适合学校这种教育模式，性格安静且贤淑。

在我的讲座现场，有时工作人员会问我："您是否需要用黑板？"为什么要用黑板呢？我每次都会在心里犹豫一下。似乎大家都比较喜欢有黑板和老师的场景。

很多人听讲座时爱记笔记。但是由于我的个人风格使然，有时不得不跟大家强调"刚刚说的是假的""开个玩笑"。竟然有人会把这一类的话也记在笔记里。也许他们是喜欢这种学习形式吧，但问题是这并不等于他们喜欢学习。

似乎除了黑板、文具加教师的配套模式，大家再也想不出其他的教学方式。即使将黑板换成了电视，这种教育方式在本质上也没有任何变化。尽管应用了多媒体，但是"老师站在讲台上、身后是黑板"的模式依旧没变，只不过是白粉笔变成了白板用的马克笔。

我最近才知道英语"lecture"一词还有"训斥"的意思。"讲课"原本就包含授课、批评、训诫的意思，这下我算是彻底明白了。

之前我就已经提过，我很不喜欢给孩子读绘本的活动。最开始自己也不知道为什么，就是觉得不喜欢。现在我明白了，是因为给孩子读绘本有居高临下讲课的意思，有一点自大的成分在里面。

如果仅仅是将老师讲的东西原封不动地抄写下来，做学生就太可怜了，逃课也是无奈之举。

现今，各种形式的学校越来越多，却几乎看不到真正的学习活动的存在，这都是因为大家以学校替代了学习本身，并就此安心而造成的不良后果。

其实很多否定学校的年轻人都在学习，这似乎成了一种趋势。真想学习就不能待在学校里，在学校里无法真正地学习，于是很多学生拒绝了学校这条路，选择从学校逃离。有时在那些被学校请出去或是被勒令退学的学生身上，也会发现类似的情况。

作为追求学问和潜心研究的场所，日本的学校实在是太过简陋了。如果真心想在其中学习，就会觉得它存在各种问题。图书馆的书籍储备首先就难以令人满意，因为学校一开始就经费不足，想添置望远镜、显微镜等设备，更是只能紧紧巴巴地量入为出。日本政府针对这方面的花费非常小气。

我有位搞爵士乐的朋友，对于学校让孩子学习竖笛很是愤怒。据说竖笛是很难吹出曲调的，只是因为它便宜才让孩子学。

学习原本是一件非常有意义的事，可是大人们心里却没有这样的理念。以他们的认知程度，只会想到通过学习能出人头地，变得富裕。他们心里似乎认定了这样的预设：学习就是艰辛和清贫的，因此他们对学习的认识就停在了“囊萤映雪”的阶段。

即便学校配置齐全计算机也于事无补，计算机只会成为孩子们的玩具罢了。因为课程的整体安排还是老样子，学生躲避老师在下面玩电子游戏的情形丝毫不会改变。

我接到过大量关于如何给孩子制定计算机学习课程的咨询，累计起来不下两百次了。遗憾的是，这些咨询基本上都没能跳出老师、学生、学校和学习的范围。我若想提个什么建议，讲起来会非常困难，需要说的话可能快赶上这本书的内容了。

关于地球自转这件事，大人们已经认定并彻底安心，不会再去研究，因为伽利略·伽利雷已经证明过了。我都能想象出他们手上拿着刻着“已完成”的图章，叫着“下一

您可以不认可，但我坚信学校是不会消亡的。

个”的样子。他们的想法跟伽利略之前时代的人们毫无区别。让这种状态的大人为“新手”提供合适的学习场所是不可能的（至今我还是以质疑的眼光看待地球自转这件事）。

我认为，为了更好地把握学习这件事，首先有必要清楚地区分“为了社会而学习”与“为了个人而学习”。目前这两者总是被混为一谈。

例如学校教育中就不应进行所谓的艺术教育，因为艺术的培养主要取决于个人的学习，能否保持个性是决定一个人能否在艺术领域立足的关键。这一点已通过诸多历史事实得到了验证，它与“通过大众化教育培养人的艺术性”的想法相矛盾。

莫扎特的某个旋律会在他诸多不同的乐曲中多次出现，对于这种作曲方式，无法从教育的角度讲明白。老师只能解释说莫扎特很伟大，可以这样做，但大家在作曲时还是尽量不要采取这种方式。日本著名画家平山郁夫的画每次拍卖的成交价格都高得吓人，这也无法从教育的角度说清楚。

为了孩子的前途，大人认为有必要教授给他们在社会生存中所必需的技能，而那些丰富人性的内容就被放到一边了（不，应该是完全被收起来了）。先将社会的真实面貌，以及在社会中生存所必需的手段、技术和方法尽量细致地教给孩子（其实是要求孩子来学）再说。在大人看来，最好能在社会上开办让孩子学习这类内容的“初级社会学习中心”，这些学习内容也应该列入义务教育的必修课。

但说到金钱是怎样流通的，银行是做什么的，为什么压岁钱存到银行会增多，工资又是怎么回事，各种费用是怎样定出来的，赌博是怎么一回事等问题时，大人却又缄口不言了。我认为这些事情也都有必要给孩子讲清楚。既然制定了关于赌博的相关法律，就应该向孩子解释清楚。大人不想去做这件事，即使做了可能也做不好，但至少有必要努力尝试一下。

在我的观念里，只要是无法跟孩子讲明白的事情，就是有问题的。

我女儿曾在作文里写“我爸爸不工作”，结果她的老师很为我们担心。后来我才明白，原来女儿认为只有西装革履地去公司上班才叫工作，而爸爸不打领带也不出门，所以就不算是在工作。如果是按照传统的工作标准，我的确没有在工作。

于是我用画图的方式给女儿做了个图解。首先存在出版图书的出版社和编辑，爸爸拿着画好的绘本原画去请他们看，他们觉得不错（当然也有觉得不好的时候）的话，就会出版印刷，然后摆到书店的书架上，大家来买。假如版税是定价的10%，一本绘本卖一千日元的话，就有一百日元汇入爸爸的账户，卖出十本绘本就能挣到一千日元。爸爸从银行取到钱后，就可以购买做饭的食材、衣服之类的生活必需品……我就这样给孩子讲了一遍。当然，我把书店里画满了顾客。

女儿拿着那张图看了一会儿，从那之后，她就再也不缠着我说“给我画个画”了。她还有了主动去图书馆和书店进行调查的意识，会回来报告说“爸爸的绘本卖得很好”，或者看到图书馆里爸爸的哪本绘本没人借阅，就去借回家。她开始学会操心了。

孩子就像是“异邦人”——刚进入这个社会不久的“异邦人”，所以完全不了解这个国家也很正常。他们对于三月

还是小孩子呢，别蹬鼻子上脸……

三日女儿节的人偶是什么样的，又该如何排列，五月五日男孩节为什么要挂鲤鱼旗等传统知识完全不明白。这种不明白是可以理解的。

同样，他们也不明白人行横道是做什么用的。所谓文化，简单地说就是文化圈里约定俗成的规定，并不适用于超出那个圈子之外的公共领域。例如新加坡会对在公共场所吸烟的人立刻实施处罚。

所谓的“交通道德”一词是个很大的错误，这根本不涉及道德层面，仅仅是这个社会制定的一项规则罢了。地方变了，规则也会随之发生改变。所以“异邦人”对于规则中的内涵不用深究，只要遵守就可以了。而对大人来说，则有必要对孩子进行类似的指引和说明。

假如有的孩子听大人说“过马路走人行横道吧”，就很听话地照做，结果被车撞倒在地，这真是太可怜了。这比那些自己乱穿马路，因过失导致被撞的人还要悲惨。一个人因自己犯错而导致失败，这是能够接受的，而若有人“在人行横道上被撞了”，他一定会有一种被规则出卖的感觉。

因此，人行横道不是保障生命安全的区域。走人行横道时，要和穿过其他道路一样小心谨慎才对，因为人行横道是

有些事情孩子是搞不懂的。

根据交通信号灯的变换随时可步行或可行车的空间。虽说走人行横道要比一般的道路安全一些，但还是不能完全放松。大人教育孩子时，这些信息也要一起告诉孩子。

相关的教育负责人应该将规则的本质也传递给孩子。这样发生事故时，相关人员就没有必要再背负更多的责任，相应的责任由本人承担就可以了。

如果规定有孩子来企业咨询问题时，企业有义务认真地做出相应的解答，会怎样呢？就像企业承担纳税义务一样，算是一种信息公开的义务吧。

企业必须准备好说明手册等印刷品，必要的话还应安排专门的职员进行解答。说明手册最好能达到让孩子觉得可以取代课本、参考书或图鉴的水平，不然担任解答的职员必然会变成教师般的角色。

无论是百货商店、超市、汽车制造商、电器制造商，还是制药公司、军事产业、娱乐业、供人吃喝玩乐的服务业等，他们的法人最好都能肩负起应该承担的义务。做日式仙贝的店或做甜烹海味的店，都必须准备说明手册，而且要将日式仙贝的原料、历史等详细地介绍出来。做海味的店，如果能把甜烹海味的起源地佃岛的历史也介绍清楚就更棒了。

不过，绝对不能为此捏造或隐匿历史，这方面的核查就交给行政监察吧。这一设想能否实现，考验的正是大人的度量、气量和正义感。最重要的是，大人必须为此重新开始学习。

不知何时已经不想做人的大人

某所小学有位女老师怀孕了，肚子大了起来。她告诉班里的孩子：“老师因为要生宝宝了，一个月之后将休产假。”从那一刻开始，全班的孩子一下子都老实起来。原本是捣蛋鬼最多的班，可从这天开始，全班一下子团结起来：有的学生一边帮老师拿重物，一边喊着“不能让老师拿那么重的东西”；还有的孩子拿来靠垫请老师靠着；甚至有学生大声嚷嚷着“劳驾劳驾”保护着老师，教室的氛围一下子变了很多，大家的内心都变得柔软善良了。

这首先有赖于那位老师拥有让孩子们想要保护她的魅力。但我认为更重要的是“宝宝将要出生”这件事对孩子们来说绝对是件大事，它能促使他们立刻行动起来。这不是什么理论，而是事实。对于事实，孩子们是认真的，顺其自然地就接受了。

所以孩子们认真地照顾着老师，把有关老师的事情都看在眼里。

孩子一直在观察大人，我小时候就是这样。孩子不是看大人有多伟大，也不是为了批判他们而用挑剔的眼光去审视他们，而仅仅是在观察。结果就变成观察大人们的各种变化。只是如今大人早已变得枯燥无趣，以至于孩子观察一会儿就烦了。

我年轻时曾去过纽约，有天晚上，实在紧张激动得睡不着觉，于是半夜我从床上爬起来，到街上溜达。这个时间，咖啡店竟然还在营业，让我大吃一惊。我走进店里，紧张兮兮地点了一杯咖啡。过了一会儿，咖啡端了上来，我说的英语服务员竟然听懂了，这让我立刻有了一种成功的感觉，内心还有一点激动。心里慢慢平静之后，我发现店里的顾客都在做着各自的事情。

在这个比较开放的咖啡店里，能看到各种类型的人：酩酊大醉的家伙、呼呼大睡的人、一直聊个没完的人、用巨大的打字机咔嚓咔嚓打字写东西（也就是在工作）的人。不久，晨曦初露，公共汽车开始运营。咖啡店里的人，有的去上班，有的准备回家，外面还有人一早就在十字路口哭闹吵架。

开始我以为大家都在说英语，仔细听了才发现，有人在说西班牙语，有人在说法语，还有人在说着我听不懂是什么语种的语言。

由于经常会遇到这种情况，我就渐渐放松下来，不过偶尔还有些提心吊胆。大概是因为遇到了形形色色的人的缘故吧，这段经历对我来说已经成了一段相当重要的经历。

沙丁鱼之所以能够在水里自由自在地生活，也许是因为它见过了各种鱼：巨大的鱼、小巧的鱼、带条纹的鱼、带斑点的鱼、呆呆的鱼、匆忙游动的鱼、在自己眼前被吃掉的鱼，以及吃掉其他鱼的鱼……因为沙丁鱼自己并没有“想变成这样的沙丁鱼”的目标，所以就格外轻松自在。它们没有“让自己变成更美味的沙丁鱼干”的压力，也没有想要改变自己在食物链中的位置。沙丁鱼恐怕到死都是这样活在当下。

再看看人类，能够很轻易地就放弃当下的生活，因为人类对自己的不同阶段做了区分。从胎儿开始，到新生儿、婴儿、幼儿、儿童、少年、青年、壮年、中年、老年……唉，

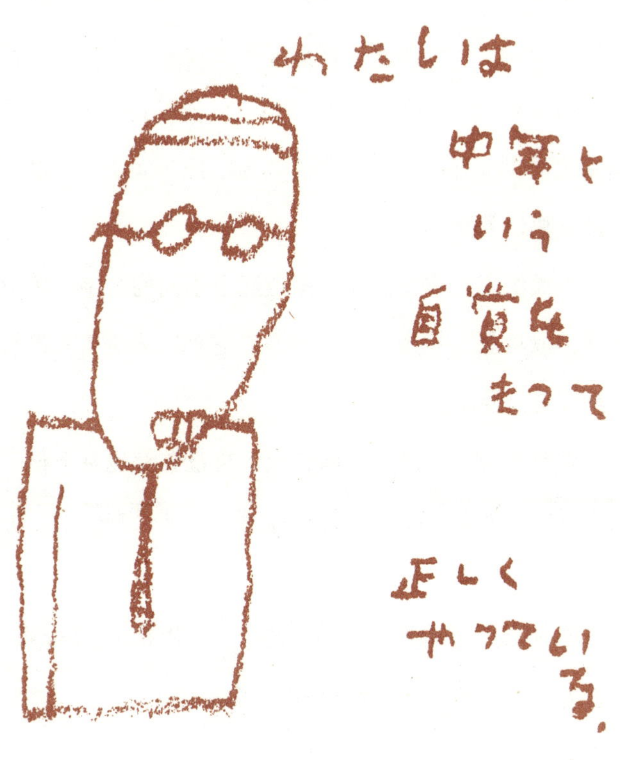

我现在已经人到中年，依然“正确”地活着。

实在是太麻烦了。变成婴儿后，新生儿阶段就算毕业了；变成中学生后，小学生阶段就算毕业了；成为大人后，孩子阶段就算毕业了……人就这样过完了自己的一生。大人们聚到一起参加野营时会感叹说：“感觉好像回到了少年时代。”如果少男少女恋爱了，就会被认为已经长大成人，这些划分都反映到了行动上。

人类给不同成长阶段的鰤鱼起了不同的名字，还把它叫作“成功鱼”。可鰤鱼就是鰤鱼，它们从未觉得自己想要成功或是已经成功了。

常有人说“那些大人都忘记了自己曾经也是个孩子”，其用意在于判断一个人是否还有童心，或是在怀旧。也许是因为对人生阶段做了过多细致的划分，才会产生这样的感慨吧，否则就不会有这样的想法了。即使有，也只会说“那些大人把自己曾经是人类这件事都给忘记了”。

很多人认为恋爱结婚是一辈子一次的事情，并将之上升为一种伦理，这其实是很不正常的。如果有人瞒着伴侣出轨，做了不符合所谓伦理的事情，就被认为不道德，这也是很不正常的。我周围的人也开始慢慢地认识到这一点，但已经太晚了。

“男人是船，女人就是港湾”，在结婚仪式上滔滔不绝地发表着类似看法的中年大叔，他们中的很多人自己都处于离婚的状态。

据调查，在婚姻中有一方贤淑且聪明，才有可能让一夫一妻制的传统婚姻处于比较稳定的状态。这个调查是我做的。另外还有一种主从关系的夫妻,婚姻也能维持比较久。但由于这种状态已经不再是人与人之间关系的范畴了，我就没有将它列为调查的对象。

比起彼此相互了解的关系，彼此并不熟知的关系可能会更显热烈，因为双方都有想要努力去了解对方的意愿，才会让关系逐渐升温。

我上中学时，曾看到过一本讲美国西部故事的英文漫画，因为有个地方读不懂，就去请教父亲。我父亲在大学教英语，所以我认为只要是英语上的问题，他应该都知道。但是父亲却回答说：“这个我不知道啊！”当时我一下子愣住了。据说那是连母语是英语的人都很难明白的一句俚语。

不过那一刻，我却暗自欣喜，父亲也不是全懂英语，

如果把男人比作船的话，女人就是港湾。

祝福新人，真是可喜可贺啊……

这对我来说是件新鲜事。第二天早上，父亲在餐桌上给我留了一张字条，让我吃了一惊，原来他昨晚为我查到了那句英文的意思。那一刻我深切地感到，对父亲来说，英语永远是一门新鲜的学问。

高中时代，我有幸遇到了一位一直身在教学第一线的好老师。每当我向他请教一些奇怪的问题时，那位老师就会特意去帮我查找资料。他会在走廊上叫住我，很认真地为我讲解，还会把参考书借给我，有时那些问题连我自己都已经忘记了。每次他都很高兴，我也比较懂得人情世故，每次都相当配合地表现出很受益的样子。不过我心里总嘀咕："饶了我吧，难道让我读这么厚的书吗？"但是我很喜欢那位老师，并且很敬佩他。

一个严冬的早晨，我因为有事一大早去了动物园，看到了不同动物拉的粪便正在各处冒着热气的场景。那个画面对我来说太有吸引力了，我决心要做一本关于大便的绘本。于是《大家来大便》出版了，我也因此收到了很多孩子的来信。在这些信里，孩子们的共同感受是"我每次看到自己的大便，也觉得大便很有趣"。也许是因为我与孩子产生了共鸣，孩子发现竟然还有大人与自己有相同的爱好，对此很是惊奇。

其中还有位热情的美国人来信说，他已经对其他人不抱期望了，但相信我一定能理解他。他随信寄来了自己自费出版的绘本，也是相当“出格”的作品。据说他是英文版《大家来大便》的粉丝。这本绘本英文版的名字是 *EVERY ONE POOPS*；法文版的名字是 *A CHACUN SA CROTTE*；荷兰文版的名字是 *POEP*；中文版的名字是《大家来大便》。

孩子降生到这个世界上，前十年是“看”的时期，也就是观察的时期。至于为什么说是十年，当然也是我自己的感觉。

所以在孩子十岁之前，应该给他们颁发“自由护照”，绝对不可以和他们谈金钱利益。当他们提出要去动物园，就要答应“好的，请去吧”；他们想坐电车，就说“好的，请坐吧”；夜里他们想要借宿住下，也要回应“好的，请住吧”。

当我听说非洲的马塞族真有这样一种风俗时，吃了一惊。马塞族的孩子在成年之前，有五年时间可以到处游走。

他们往往结伴出游，见识草原上不同的风土人情。不管他们走到哪里，都会受到当地人的热情款待，人们还会给他们添置必要的生活用品。他们经过这样的人生历练之后，拥有了实力，长大成人后就能更好地保护部落了。

我认为让孩子这样做是非常必要的。要让孩子在十岁之前就能深入地观察事物。如果这一步没有做好，孩子未来无限丰富的人生就可能会变得单调乏味。

有很多人都在学习皮亚杰[①]或斯坦纳[②]的心理学理论，但因为他们没能认真地观察孩子，往往很难成功。这些学习过心理学理论的人还会变得很奇怪，就像整天研究图鉴的动物学学者一样。珍稀的西表山猫很难见到活的，只好拿图鉴研究一下，但孩子是随处都能看到的，只要想观察随时都能观察到。这些人不去观察身边的孩子，只是盯着皮亚杰的发展心理学分析案例中的孩子，然后将那些分析理论套用在普通孩子身上，这就等于把随处可见的三花猫

---

①让·皮亚杰（Jean Piaget，1896 ~1980），瑞士人，近代最有名的儿童心理学家。他的认知发展理论是儿童心理学的典范。

②鲁道夫·斯坦纳（Rudolf Steiner，1861~1925），社会改革家、艺术家、教育家，开创了名为“人类智慧学”（简称“人智学”，Anthroposohy）的精神科学。

孩子都是宝贝，可要好好爱护他们。

当作是西表山猫的亚种。再怎么说，皮亚杰的理论也是针对当时的瑞士孩子的。

这种情势下,又有大人提出“向孩子学习”的极端主张，大概是因为其他的都太难学，孩子比较简单的缘故吧。

还有那种“与孩子一起生活”的论调，也很让人怀疑。这恐怕也是因为“与大人为伍很辛苦，若是和孩子嘛……”之类的想法。孩子绝对不会实行区别对待，所以对于这样的大人也会接纳。这样一来，大人又可能会产生误解。

大人最需要思考的是：为了让孩子更加充实地生活下去，需要给予他们多少支持。或者可以这样说，怎样才能减少因大人的存在而给孩子带来的危害。

大人为了满足自己的私欲，整天琢磨着孩子能给自己带来多少好处或是考虑如何利用孩子，我认为这样的时代应该终结了。

接下来会怎样，我可管不着了。

后记

还有很多话要讲，但还是适可而止吧。这本书出版的过程中，已到排版、校对阶段时，我还在一直不停地修改：还要加上一个案例、某种现象，以及自己随时冒出的一些想法，真是没完没了。所以我给帮助出版这本书的大家添了许多麻烦。在这里向大家道歉了，十分感谢各位的帮助。

1996 年 12 月

五味太郎

文库版后记

这本书出了文库版。因为还有很多话想要说，所以又出版了文库版。不对，应该说因为自己没完没了，才出了文库版。不对，不对，应该说是没完没了地出了文库版。

反正怎么理解都好啦。总之，不管是哪种情况，还上升不到“文库问题”的程度，出版文库版，也不是什么大不了的事情。也就是别人说一声“恭喜啦”，我回一句“啊，谢谢”，就是这么回事吧。

如果非要让我讲点什么，此次出版文库版堪称是跨世纪的大事，借此机会，以文库版的形式将二十世纪的问题顺利地传到了二十一世纪。嗯，这种感觉很棒！也非常了不起。因为很多问题在二十世纪并没有得到解决，至少我没有看到这些问题得到解决。所以正值新世纪来临之际，出版社以出版文库版的形式将这些问题重新抛向我们的社会，这一态度令人敬佩。或许也仅仅是因为书卖得还行的缘故。如果是这样，我的这番话就显得很矫情了，也许这些话不说更好吧。

对，还是利索爽快地出版文库版吧。

2001年3月

五味太郎

图书在版编目（CIP）数据

孩子没问题，大人有问题 /（日）五味太郎著 ；
李奕译 . -- 北京 ：新星出版社，2021.7（2025.4 重印）
ISBN 978-7-5133-4493-7

Ⅰ．①孩… Ⅱ．①五… ②李… Ⅲ．①家庭教育-文集 Ⅳ．① G78-53

中国版本图书馆 CIP 数据核字 (2021) 第 084115 号

孩子没问题，大人有问题

[日] 五味太郎 著　李奕 译

责任编辑 汪　欣
特约编辑 任兆文　秦　方
装帧设计 李照祥
内文制作 杨兴艳
责任印制 李珊珊　史广宜

出　　版 新星出版社　www.newstarpress.com
出 版 人 马汝军
社　　址 北京市西城区车公庄大街丙 3 号楼　邮编 100044
电话（010)88310888　传真（010)65270449
发　　行 新经典发行有限公司
电话（010)68423599　邮箱 editor@readinglife.com
法律顾问 北京市岳成律师事务所

印　　刷 北京中科印刷有限公司
开　　本 850mm × 1168mm　1/32
印　　张 6
字　　数 53千字
版　　次 2021年7月第一版　2025年4月第四次印刷
书　　号 ISBN 978-7-5133-4493-7
定　　价 35.00元